UN REMEDE POUR LA GUERISON DU CONGO

BELVY OTIKO

http://www.editiongoree.com

editiongoree@gmail.com

ISBN : 978-2-492737-16-9

EAN : 9782492737169

AUX LECTEURS

Ce livre est le fruit par un homme de Dieu. C'est pourquoi les propos. Il ne s'agit pas d'une fiction.

INTRODUCTION

Au cœur des grands bouleversements écologiques que connaissent notre ère, nos cités africaines, nos villes sont devenues les lieux de divisions et d'exclusions par rapport à la parole de Dieu. L'inversion des principes publics comme l'altruisme, la charité ont disparu dans la pratique quotidienne des citadins. Quels attitudes et comportements recherchés auprès de nos contemporains qui peuplent nos villes, surtout ceux des hommes de Dieu qui y proclament la bonne nouvelle ?
Comment se tenir et se conduire en ce début du vingt et unième siècle entre les cordes et les obstacles qui retiennent les fidèles à honorer la parole de Dieu au sein de nos sociétés face aux avantages et prestiges qu'offre le monde ?
Pour répondre à ces préoccupations, nous avons formulé le sujet comme suit: *L'effondrement des principes et valeurs sociaux congolais, une interpellation prophétique, selon le texte d'Exode 10 :4-5 :*
« Laisse partir mon peuple, afin qu'il me serve.... »

L'église a une mission prophétique en ce sens qu'elle interpelle à la fois les autorités et les citoyens dans la prise de conscience de tout ce qui est contraire à la volonté de Dieu. Nous avons choisi ce thème pour recadrer l'autorité de Dieu dans nos églises, villes, quartiers, afin de témoigner de la vérité et de la bonne œuvre. Notre intérêt est de voir vivre nos communautés édifiées dans la parole de Dieu qui délivre en toutes circonstances. Nous voudrons ramener les congolais à vivre une repentance authentique pour produire des œuvres dignes de Dieu, qui seul, nous jugera le moment venu. Nous avons ainsi ciblé les habitants du Congo-Brazzaville.
Le texte porte sur trois chapitres répartis comme suit :
Le premier chapitre est intitulé : message de la sécurité « la priorité pour tous »
Le deuxième porte sur une brève histoire de l'église pentecôtiste, la Nouvelle Jérusalem.
Le troisième chapitre est consacré à l'interprétation prophétique de la vision et du texte d'Exode 10 :4-5

CHAPITRE 1

MESSAGE DE SECURITE POUR LES VILLES

« La sécurité, priorité pour tous »

Je vous salue tous, au nom glorieux de notre Seigneur Jésus-Christ de Nazareth !
Aujourd'hui, j'ai l'honneur de vous transmettre un message de la part du Seigneur Jésus-Christ.

A vous les villes considérées comme cités de valeur, aux riches du présent siècle, si je vous annonce ce message, ce n'est ni pour plaisanter ni pour créer des amitiés avec vous ni encore moins pour ma propre gloire, car c'est une nécessité qui s'impose à moi ; c'est une charge qui m'a été confiée par le Seigneur Jésus. Alors, malheur à moi, si je ne vous l'annonce pas !

Par son amour infini, le Dieu Créateur du ciel et de la terre, Gouverneur des affaires de ce monde, se soucie de sa création, même lorsque celle-ci, semble ne pas tenir compte de prescriptions.

a) Approche post-déportation babylonienne

De l'an 586 à l'an 582 avant la destruction de la muraille de Jérusalem par le roi Neboucanetsar, Israël était clôturé et barricadé à l'entrée de la ville. Il y avait une porte d'entrée et de sortie, Il s'y trouvait des sentinelles, veillaient aux mouvements des étrangers en vue de prévenir toute agression et toute infiltration. Les trompettes servaient d'alerte pour la population et l'armée.

b) Contexte du monde actuel

Les Etats-Unis d'Amérique, considérés comme la première puissance mondiale, dans presque tous les domaines, sont considérés comme un pays bien sécurisé. Ce statut leur donne souvent un sursaut d'orgueil, au point où ils se croient invulnérables. Mais toujours est-il que la sécurité humaine prouve ses limites d'une manière ou d'une autre.
C'est ainsi que le 11 septembre 2001, aux yeux du monde, la sécurité américaine a prouvé sa fragilité, au point où on pouvait la considéré inefficace, comme celle de n'importe quel état : deux avions sous la menace des terroristes, venaient s'écraser sur les deux tours jumelles, en l'espace de quelques minutes, deux opérations similaires, mais moins désastreuses se produisaient dans deux autres sites.

Si ceux qui sont considérés comme étant les plus puissants au monde, peuvent être frappé par des faibles groupes terroristes, cela veut simplement dire que les humains seuls ne peuvent pas s'assurer une bonne sécurité.

Bien-aimés dans le Seigneur, chers Messieurs, Dames, Intendants de Dieu,

Le thème de notre message est *la protection (sécurité divine) en Jésus-Christ.*
Nous allons lire un passage dans l'un des poèmes de Salomon au Psaume : 127, 1 :
« Si l'Eternel ne bâtit la maison ceux qui la bâtissent travaillent en vain, Si l'Eternel ne garde la ville, celui qui la garde veille en vain ».

Pour une meilleure compréhension de ce texte, nous allons définir le concept de protection.
La protection est définie comme l'action de protéger, de défendre quelque chose contre toute agresseur ; action pour faire éviter et éloigner ainsi un danger.

Le texte de Salomon comprend deux parties :

La première partie est : « Si l'Eternel ne bâtit la maison, c'est en vain que les maçons travaillent ». Alors que signifie l'expression ''en vain'' ? Elle veut dire bâtir sans succès, pour rien ; fait illusoire, inutile et inefficace. Ainsi peut-on comprendre que « Si L'Eternel ne construit pas la demeure, celui qui la construit avec sa propre sagesse, avec ses efforts personnels, travaillera pour rien ; son travail ne produira rien.
Ainsi, nous pouvons dire que sans la volonté, l'intervention ou la présence de l'Eternel, aucune œuvre humaine ne sera solide et durable, mais elle sera plutôt, vouée à l'échec. Car avec l'éternel vous ferez des exploits. Jésus ne l'a-t-il pas énoncé : « Sans moi (L'Eternel) vous ne pouvez rien faire » ? Jean 15 .5 .Vous devez soumettre vos capacités à la volonté de Dieu, car la clé du succès est entre ses mains, et ceux qui se confient en Lui, ne seront jamais confondus.

La deuxième partie est « Si l'Eternel ne garde la ville, celui qui la garde veille en vain ».
Les villes sont considérées dans ce contexte comme des « Cités de valeurs ». Jésus les considère comme centres du péché dans Mathieu 11: 20. La ville est entendue ici comme lieu qui procure la sécurité, la stabilité, la santé physique et spirituelle. La « cité » est alors synonyme de foyer et de communauté dans la *Théologie des villes de Glenn Smith*
La ville est aussi vue comme le lieu de la violence, de la répression, du désordre, de la corruption et autres antivaleurs.

Bien-aimés dans le Seigneur,
Toute personne qui a de la valeur et de la grandeur, doit se considérer comme une ville. Elle mérite d'être considérée, respectée, parce qu'elle est élevée. Une ville bien bâtie, attire tout le monde, car les hommes veulent vivre là où les conditions de vie sont bonnes. Le verset du sage Salomon que nous venons d'exploiter a été orienté plus sur le plan spirituel que physique.

Bien-aimés dans le Seigneur,
Tu es pris pour un homme riche dans ton district, dans ton quartier et dans ta nation tout entière, par les étrangers. Tout le monde a le regard fixé sur toi, tout le monde t'envie. Ils sont nombreux les hommes qui viennent chez toi à la maison pour te partager leurs problèmes, parce que tu es une personne de valeur, une personne élevée voire riche. Dieu t'a béni et tu as acquis du matériel, certains hommes déferlent chez toi, afin que tu puisses les soutenir, les aider en résolvant les problèmes qui les préoccupent. D'autres, par contre, sont jaloux de ton élévation, de ton succès et, de ce fait, conspirent ta chute par le moyen du mensonge, de la raillerie, du chantage. Il y en a même, qui complotent ou qui méditent ta mort, pour plusieurs raisons telles hériter tes biens, prendre ton poste…

Bien-aimés dans le Seigneur,
Laissez-moi vous dire qu'être entouré des gardes du corps, n'est pas mauvais en soi, car la Bible même déclare : « L'élévation vient ni de l'Orient ni de l'Occident ni de la famille ni de ton patois ni de tes efforts, mais elle vient de l'Eternel des armées. » Psaume 75.7

Bien-aimés dans le Seigneur,
Avant la destruction par le roi Neboucanetsar, la muraille de Jérusalem symbolisait Christ. Israël était sous la protection de Jésus-Christ, mais après la désobéissance du peuple, le Seigneur l'a livré entre les mains des oppresseurs assyriens.

Bien-aimés dans le Seigneur,
Tout ce que tu fais sans Dieu n'est qu'échec à l'avance. Si Dieu est absent dans ton pays, dans ton foyer, dans ton travail, dans ta sécurité ; c'est l'échec parce que Jésus- Christ est notre muraille, notre fondation, notre gardien, notre rocher, notre sécurité, notre bouclier, notre défenseur.

Mon frère, ma sœur dans le Seigneur,
Si Jésus-Christ ne te garde pas, les gardes du corps font un travail inutile, tes aides de camps ne suffisent pas. Place ta confiance en

Jésus, car face à un danger ou face à la mort, tes gardiens seuls ne peuvent pas te protéger. Ils peuvent te trahir et te décevoir. Il faut compter avec Jésus. Demeurez-vous en Jésus-Christ.
La sécurité de ce monde n'est pas inutile, elle n'est pas non plus mauvaise, mais elle ne vous suffit pas. Il faut compter sur Jésus-Christ. Placez votre confiance en Jésus- Christ, confiez votre sécurité en Jésus-Christ et non sur les gardes du corps, qui ne sont que des hommes.

Ainsi parle l'Eternel :
« Maudit soit l'homme qui se confie en l'homme, qui prend la chair pour appui, et qui détourne son cœur de l'Eternel….

Béni soit l'homme qui se confie dans l'Eternel
Et dont l'Eternel est l'espérance. » (Jérémie 17: 5-8)
Les gardes corps peuvent être corrompus, drogués, emportés par le sommeil. Alors, ils peuvent vous trahir, vous décevoir face à un ennemi. L'ennemi peut se voiler, s'infiltrer dans vos rangs et corrompre les gardes du corps pour vous atteindre. Vos aides de camps seuls ne peuvent pas vous protéger en face d'un ennemi.

Mon frère, ma sœur,
Vos gardiens seuls ne peuvent pas vous défendre en face d'un danger, d'un attentat, d'un kamikaze, d'un accident, d'un incendie. Ils peuvent vous décevoir. Il faut donc compter sur Jésus ; confiez votre sécurité en Jésus-Christ.

Vos systèmes de défense, vos forces publiques, vos systèmes de défense anti aérienne S-400, vos systèmes des boucliers anti-missiles thaad ne suffisent pas pour vous défendre en face d'un missile ou une attaque.
Confiez votre sécurité en Jésus-Christ, Attachez-vous à Lui, car Il connaît tous les dangers avant qu'ils ne vous arrivent. C'est Lui notre rocher, notre défense, notre bouclier anti-missile. Il est au-dessus de toute domination de ce monde. La Bible affirme que le Seigneur Dieu en Jésus-Christ n'abandonne jamais ceux qui se confient en lui au temps de la détresse. Beaucoup de gens fondent

leur confiance et leur sécurité sur leurs biens, sur leurs parents, sur leurs armes qu'ils considèrent comme puissances de protection, alors qu'ils vivent et marchent dans la peur, dans la crainte de l'inconnu-invisible.

Dans ce monde en proie à la famine, aux fléaux et épidémies, aux tremblements de terre, aux érosions, aux guerres multiples, à la course aux armes nucléaires et autres phénomènes dévastateurs, tout le monde est à la quête de la sécurité. Cependant, peu de gens font recours au Seigneur, Lui qui est l'Unique secours qui ne manque jamais au temps de la détresse.

Dans certaines communautés, le regard est fixé sur le pasteur ou le prophète, alors qu'ils ne sont que des hommes. La parole de Dieu déclare : « Celui qui demeure sous l'abri du Très-Haut, repose à l'ombre du Tout-Puissant. Je dis que l'Eternel est mon refuge et ma forteresse, mon Dieu en qui je me confie. Que mille tombent à ton côté et dix mille à ta droite, tu ne seras pas atteint. (Psaume 91 :1-7).

Confie-toi à l'Eternel de tout ton cœur, et ne t'appuies pas sur ta sagesse ni sur ta connaissance ni sur tes relations ni sur ton expérience ni tes armes ni tes gardes du corps ni matériels ni biens d'ici-bas.

Reconnais l'Eternel, qu'il te garde dans toutes tes voies, et il aplanira tes sentiers (Proverbes3-5).

Ainsi parle l'Eternel : « Maudit soit l'homme qui se confie dans l'homme, qui prend la chair pour appui, et qui détourne son cœur de l'Eternel. Béni soit l'homme qui se confie en l'Eternel, et dont l'Eternel est l'espérance. (Jérémie 17: 5-8)

Mon frère, ma sœur,

Laisse-moi te dire que si l'Eternel ne te garde pas, ceux qui te gardent, le font en vain, et tu restes vulnérable. Confie-toi en Jésus-Christ, tu seras revêtu de la puissance du Très-Haut. C'est Lui qui est notre muraille, notre gardien, notre père plein d'amour, riche en bonté, notre bâtisseur. Si Christ te garde, aucun ennemi ou esprit diabolique ne peut t'atteindre quels que soient son nom, son origine et son expérience. Confie-toi en Lui, il te protégera de la maladie, dans tes voyages, dans ton foyer. Le seul désir de Dieu est que tout homme créé à son image, se confie en Lui. De même que l'univers vit en harmonie avec son Créateur, de même mon frère, ma sœur nous devons aimer Dieu, le propriétaire de nos biens, celui qui nous a confié tout ce dont nous nous jouissons : le matériel, l'argent etc. Les armes n'assurent pas la protection spirituelle.

Mon frère, ma sœur,
A qui pouvez-vous faire confiance ?
A qui pouvez-vous faire confiance dans ce monde de changement, de rébellion ou du péché ; des égos, du moi, de la solitude, des attentats, des accidents, des infidélités, des guerres, des tremblements de terre, des épidémies, des érosions ?
Les Etats-Unis, qui se prenaient pour les plus sécurisés du monde, avec une armée la plus puissance du monde, possédant un équipement de très haut niveau technique et stratégique, se sont vus surprendre par l'ennemi.

Mes frères et sœurs dans le Seigneur,
Vous raisonnez parfois ainsi. Vous croyez être invulnérables parce que vous êtes un lion, un cobra, un dragon, un zoulou, un éléphant, un requin, un léopard, une panthère, un aigle, un scorpion du désert, un dinosaure, un ninja ; un colonel, un général, un maréchal prétendant avoir une expérience avérée et capable de donner la vie ou la mort à qui ; tu te crois le seul puissant de la terre et sur cette terre ton seul règne peut tout. On te doit respect absolu. Tout cela n'est qu'inefficace, illusion,
Le matériel auquel vous vous confiez, peut se retourner contre vous. Faites donc confiance à vos systèmes de défense anti aérienne S-400 et systèmes anti-missiles boucliers Thaad ; ne suffisent pas pour vous défendre.

Confiez vos systèmes en Jésus-Christ, en Dieu votre Créateur qui a donné son fils pour vous. C'est lui votre gardien, votre médecin, votre puissance et votre Roi. Dieu vous épargne des tentations, des attaques de vos ennemis. Sur terre aucun d'entre nous n'est invulnérable. Dieu seul l'est.

Bien-aimés dans le Seigneur,
C'est en Lui que vous pouvez vous confier dans ce monde voué à la destruction, car vos ennemis rôdent autour de vous comme des lions rugissants cherchant à vous dévorer, à vous ôter la vie. L'ennemi est stratège, et il sait comment vous atteindre bien-aimés. Le matériel et les armes ne suffisent pas pour vous protéger, seul le Christ en est capable.

Mon frère,
Tu es un homme riche, une personne de valeur. Tout le monde a le regard fixé sur toi ; mon frère dans le Seigneur, reçois Jésus-Christ comme ton Maître, ton Seigneur et ton Sauveur. Confie-toi en Lui. C'est Lui notre muraille, notre bâtisseur, notre bouclier, notre gardien plein d'amour ; il est miséricordieux et compatissant, lent à la colère, riche en bonté et en fidélité (Exode 34 :6).
Son amour est incomparable, son amour est profond, son amour est immense, il est pour nous un refuge et un appui ; un secours qui ne manque jamais dans la détresse (Psaume 46 :2).
Dieu nous a donné sa protection, il suffit de croire et d'obéir. Confiez maintenant votre sécurité en Jésus-Christ. S'il y a l'absence de Dieu dans votre sécurité, c'est un échec total.
Nous inventons a tous leaders politique de la planète terre de mettre plus leur confiance en Dieu au lieu de gaspiller beaucoup des milliards pour avoir une bonne sécurité certains fait des sacrifices humaine si Christ ne protégé pas vos gilets, pare-balle et vos déguisements, ne suffisent pas ; vos propre méthode de sécurité ne suffit pas, la vrai sécurité n'est pas seulement le physique mais aussi le spirituel. Le Christ peut échouer votre sécurité.
Mesdames et Messieurs, biens dans le seigneur.
En définitive, je voudrai vous dire que notre sécurité sans Dieu n'est qu'illusion, car si l'Eternel ne veille pas, la garde fait un travail inefficace. Il est plus que temps de rechercher la sécurité de Dieu dans sa parole.
Brazzaville, le 28 juin 2007

CHAPITRE 2

BREVE HISTOIRE DE L'EGLISE PENTECOTISTE, LA NOUVELLE JERUSALEM

Brève histoire de l'église

L'église pentecôtiste, la nouvelle **Jérusalem,** bâtie à Kinshasa par un couple missionnaire Brésilien (un couple pastorale) composé du pasteur Carlos Rodrigues de Souza et de l'Evangéliste Teresa Aparecida Martins de Souza. Ce couple a été envoyé comme missionnaire de l'Eglise Deus amor du Brésil (Dieu amour).
Au Congo-Brazzaville à Moukondo(Mazala). Pendant la crise politique du 5 juin 1997, elle va se réfugier à Kinshasa. Son mari qui était en voyage dans son pays, rejoint sa femme à Kinshasa. Ils vont reprendre l'œuvre dans l'Eglise mère. Après quelque incompréhension au sein de l'Eglise, le couple décide de rentrer dans leur pays d'origine. Selon la direction du Saint- Esprit, le couple revient à Kinshasa commune Ngombe rue Tabora et relance les activités de leur propre ministère.

Ils traversent le pool Malebo. Arrivés à Brazzaville, ils implantent l'église le 03 mars 2001, sise au numéro 1803, avenue de Trois martyrs, Arrondissement 5, Ouenzé-Brazzaville, cinéma Ebina. Le 20 octobre 2009, le mari meurt brutalement à Pointe-Noire., l'Eglise locale a failli à sa mission de délivrance de plus de dix mille âmes perdues. Le 31 décembre 2011 l'Eglise a été fermée pour des raisons financières

J'ai été converti à l'âge de 12 ans à l'église la Voie Internationale du Congo à Mpouya département des Plateaux. J'ai reçu le baptême le 22 janvier 2002, aux cataractes après le pont du Djoué. Le 27 juillet 2012 pendant la réouverture de l'Eglise, je fus consacré par le docteur Romain, l'un des serviteurs de Kinshasa, en présence de l'Evangéliste Teresa.

a) Vision nocturne

Le Prophète Jérémie d'aujourd'hui : quand il n'a pas de révélation, le peuple est sans frein ; Heureux s'il observe la loi ! (Proverbes 29 :18)

Le Pasteur Belvy Otiko, Représentant de l'Eglise Pentecôtiste, la Nouvelle Jérusalem de Brazzaville, vous présente un nouveau Message prophétique sur les villes (comme cités de valeurs) précisément au peuple congolais. Aujourd'hui encore, le Seigneur a voulu réitérer un nouveau message en vue d'édification de son peuple et de ses leaders. Le Message est symbolisé par les Bêtes.
Je vous salue tous au nom glorieux de notre Seigneur Jésus Christ de Nazareth.
Aujourd'hui, J'ai l'honneur de vous transmettre ce message de la part du Seigneur Jésus Christ.
A vous les villes comme cités de valeur,
Si je vous annonce ce message ce n'est ni pour plaisanter ni pour créer des amitiés, moins encore pour me glorifier, car c'est une nécessité qui s'impose à moi, c'est une charge qui m'est confiée et malheur à moi si je ne vous l'annonce pas. Ainsi, il plut à Dieu créateur du ciel et de la terre, gouverneur des affaires de ce monde, maître de l'histoire de l'homme, juge suprême de l'humanité, Dieu jaloux de son peuple, d'établir des serviteurs afin que le peuple soit édifié.

Pendant que je préparais la troisième édition d'édification de mon premier message intitulé : *La sécurité sur les villes «comme figure des valeurs » prévu pour le 28 novembre 2015,* j'avais invité les chaînes de télévision dont DRTV, Télé-Congo ; la Radio Mn TV et les individualités.
Deux jours avant, la projection du film audiovisuel, une servante de Dieu elle communiqua, dans la rue, ce verset tiré de Jean 7 :21 « Jésus leur répondit : J'ai fait une œuvre, et vous en êtes tous étonnés. »C.-à-d. beaucoup des gens seront étonnés de discours qui sortiront de ma bouche.

b) Contexte historique de la vision

Dans la nuit du 22 novembre 2015, le Seigneur me révèle une nouvelle vision.

Aujourd'hui le Seigneur a encore voulu révéler un nouveau message en vue d'édification de son peuple, en particulier de ses leaders.

Voici ce que le seigneur m'a révélé :

Je me promenais au bord de la rive du fleuve-Congo, précisément sur la berge, mes deux pieds à moitié dans l'eau, en regardant à ma gauche sur la terre ferme, j'ai vu une tortue avec des stigmates sur la terre ferme ayant deux signes ou (2) tatouages sur sa carapace. Sur son flanc, la tortue avait une plaie. Elle était envahie d'asticots donc la tortue était infectée. Et je me suis étonné !

Comment une bête envahie asticots pouvait-elle vivre et marcher ?

Je continuais toujours à faire ma descente. Je vis pour une deuxième fois, la même tortue.

Cela m'a paru très étonnant ! En marchant alors pour la troisième fois, j'ai vu la même tortue malade.

Je me posais la question à mon fort intérieur : Comment pouvait-elle vivre dans cet état, avec cette invasion des asticots ? Elle marche comme d'habitude. Alors le Seigneur me met à cœur de comprendre cette vision, en me disant : « C'est l'image de la nation dans la quelle tu vis ». Puis en continuant la marche, je vis une autre tortue dans un état normal, de couleur noir ; elle est restée au bord de l'eau, près de la terre ferme, sur la rive du fleuve-Congo. Je marchais toujours au bord de l'eau, où je vis un corps (cadavre) d'un oiseau de couleur blanche. Et les eaux été polluées.

L'interpretation prophétique des symboles de la vision

Rive du fleuve Congo,
Les eaux sont polluées, profanation, souillure, impureté, péché
Apocalypse 17 :15 image de la Nation, la foule, peuple.

Tortue avec des signes, atteints par des invasions d'asticots. L'autre en état initial, mais sur la rive gauche du fleuve Congo dans l'eau, et les eaux sont polluées

Asticots : dictionnaire Larousse : insecte ; bible = sauterelle.
***Exode**1o :1-15 – jugement de Dieu*
***Joël** 2 :4 –Invasion*
***Joël** 2 :7 – ils agissent comme des guerriers de Dieu, image de l'armée de Dieu.*
***Joë**l :19 destructions ,1 :4*
***Amos** 7 :4 et 5 – Ruiné*

Apocalypse *9 :7-9 –image* de la guerre

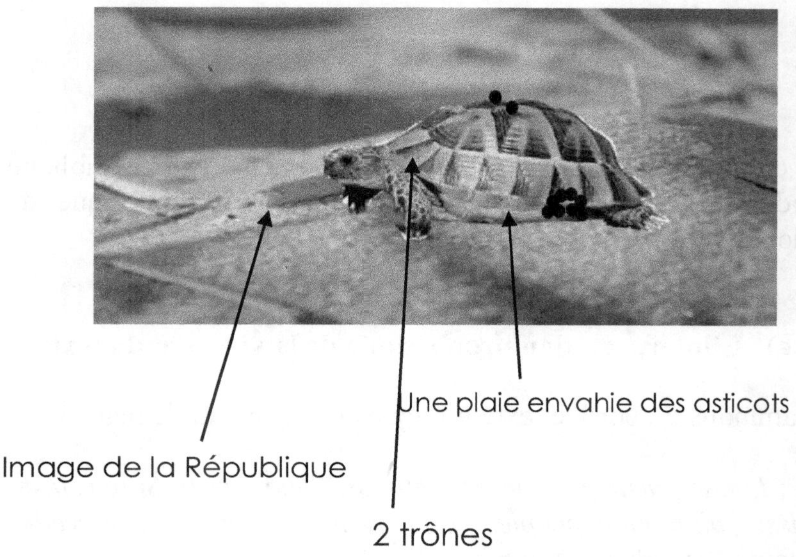

CHAPITRE 3

UN REMEDE DIVIN POUR LA GUERISON DU CONGO

Dans ce troisième Chapitre nous examinerons le texte biblique d'Exode 10 :4-5 et nous donnerons l'explication métaphorique de la vision nocturne.

a) L'interprétation prophétique de la vision et du texte

Ici examinons d'abord le texte biblique choisi suivant le plan ci-après.
Texte : *Laisse partir mon peuple, afin qu'il me serve ; Si tu refuses de laisser aller mon peuple, Voici, je ferai venir les sauterelles dans toute l'étendue de ton pays. (Exode 10 :4-5)*

1) La structure du texte, les mots clés, les symboles.
2) Le message
3) Les explications
4) La mission prophétique de l'Eglise et son rôle dans la société
5) La vérification théologique
6) L'application du message au contexte congolais
7) L'interprétation prophétique des symboles de la vision
8) La guérison du Congo
9) Quel Remède pour la Guérison du Congo
10) La conclusion

1-La structure du texte, les mots clés, les symboles

Ce texte compte quatre mots ou expressions à explorer. Ce sont :

1-Laisse partir mon peuple : C'est un ordre, un ultimatum, un décret. Ce mot clé est une reprise du chapitre 4 d'Exode. C'est un ordre de l'Eternel, que Pharaon se devait d'exécuter immédiatement. Malheureusement Pharaon n'a pas agi selon l'ordre de Dieu. C'est donc une partie du chapitre 4 qui retrace le plan de Dieu, son vœu, sa volonté, son projet, exhortant le peuple à adorer Dieu, et à le servir. Dieu oriente toutes les nations à son service, nous sommes créés pour le service, pas autre chose. *Laisse partir c'est* se mouvoir d'un lieu à un autre.

Laisse partir est différent du laisser-faire le désordre c'est rendre quelqu'un libre, c'est rendre un droit confisque à quelqu'un (liberté) ici, nous sommes devant une allégorie une image qui cache un concept spirituel : libération d'un état vers un autre...le Christ dit : « si le fils ne vous affranchit pas, vous serez réellement libres ... ». Jean 8.36
Ce mon peuple ; nous sommes un peuple et Dieu est son souverain a tout le niveau de la vie nous sommes ceux qui sont en mission ou nous avons reçu mission de perpétuer et de prospérer l'œuvre de la création. Ce travail doit se faire dans la dignité et respect de la personne humaine
2-Afin qu'il me serve :
Le mot qui nous interpelle ici c'est le mot service/servir Dieu. Mais Dieu on le voit pas, c'est servir l'homme qui est l'image de Dieu. Louer Dieu dans le service, aimer et servir assister et partager « Quel est donc le serviteur fidèle et intelligent ? C'est celui à qui son maître a confié la charge de prendre soin des autres. » (Mathieu 24.45, 51) le peuple de Dieu a travaillé pour d'Egypte l'heure était venue qu'il aille travail pour Dieu, pour l'humanité entier
, tandis que Moïse représente le monde de Dieu. A tout enfant de Dieu de proclamer la liberté devant le monde satanique. Le peuple congolais est en otage dans le monde de Satan, c'est-à-dire à tous ceux qui croient à la magie, aux sciences occultes, à tous ceux-là qui subissent l'influence du diable, donc ces hommes, otages de ce monde.

Nous qui sommes des enfants de Dieu, nous avons pour mission d'aller prêcher la bonne nouvelle aux captifs afin qu'ils retrouvent la liberté tant voulue par Dieu. La loi engendre le péché, voilà pourquoi Jésus-Christ dit : Je ne suis pas venu pour abolir la loi, mais plutôt de la résumer en deux commandements : Tu aimeras ton prochain comme toi-même et tu aimeras ton Dieu de tout ton cœur, de toute ta force, de toute ton âme, de toute ta pensée. (Marc12 :30 et 31)

Bien-aimé,
Parfois tu te sens seul, opprimé, à genoux par terre, humilié dans la solitude, le péché, l'incrédulité et tu te dis que Dieu ne peut rien faire. L'Egypte peut être notre famille, notre pays, notre entreprise ; si la famille n'écoute pas, parfois nous sommes retenus à servir ou à obéir à Dieu, ou de faire sa volonté : Que ce qui te retient ~~s~~, les pouvoirs humains, la mauvaise coutume, le mauvais comportement, les pouvoirs de la surestimation de soi (je suis au-dessus). Manque de la reconnaissance de Dieu endurcit, égare nos vies, et nous nous retrouvons loin de la bénédiction de l'Eternel et de la bonne vie.

3-Si tu refuses : c'est marquer son opposition, mais les menaces sont sous-entendues par la condition « si ». *Le refus*, l'opposition totale de Pharaon : Depuis la création du monde, Dieu demande à l'homme de lui obéir. La colère de Dieu se manifeste par les signes : la grêle, les plaies, les moustiques, la famine, les destructions, les sauterelles etc.
L'homme s'oppose toujours à Dieu. Les conséquences immédiates sont les crises, le malheur, la mort qui le poursuivent. Les asticots dans le flanc de la tortue symbolisent le jugement de Dieu, le jour du Seigneur ou colère.

4-Voici, je ferai venir les sauterelles dans toute l'étendue de ton pays traduit le jugement, les conséquences désastreuses et manifestions des sauterelles.

2-Le message

Je vous salue tous au nom glorieux de notre Seigneur Jésus Christ de Nazareth. Aujourd'hui, j'ai l'honneur de vous transmettre le message de la part du Seigneur Jésus-Christ qui est symbolisé par les bêtes.

A vous les villes comme cités de valeur. Si je vous annonce ce message, ce n'est pas pour plaisanter ni pour créer les amitiés, moins encore pour ma propre gloire, mais c'est une nécessite qui s'impose à moi, une charge qui m'a été confiée par le seigneur ; malheur à moi si je ne vous l'annonçais pas. Ainsi qu'il a plu à Dieu, Créateur du ciel et de la terre, Gouverneur des affaires de ce monde, Maître de l'histoire de l'homme, Juge suprême de l'humanité, Dieu jaloux de son peuple ,a établi les serviteurs afin de communiquer sa volonté aux peuples de la terre.

Bien-aimés
Chers frères et sœurs, la vision, le songe, sont interprétés dans la Bible. Mais pourquoi Dieu a choisi les animaux pour nous communiquer sa pensée ?

Biens aimés dans le seigneur, nous allons, avant tout, expliquer les concepts clés, pour comprendre les symboles que le Tout-Puissant a révélés, par mon canal, pour nous parler.

Définition des mots, expressions et symboles

Trois : Le chiffre « Trois » veut dire que la chose ou l'objet tend vers son accomplissement, partir du sens négatif au sens positif.

Etant prophète de Dieu, et connaissant la véracité de sa parole, je me charge de vous dire que cette prophétie n'est pas loin de s'accomplir, d'où il est temps que le peuple congolais prenne conscience, afin que nous ne soyons pas surpris par certaines calamités, que les précurseurs ont déjà vécu. Il est donc temps de s'humilier devant Dieu, en implorant sa grâce et sa miséricorde, sans lesquelles, les calamités atteindraient bien notre pays, de façon désastreuse.

Eaux (Les):c'est l'image de la nation, du peuple, de la foule, de la langue… (Apoc.17.15).

Pollution : état de ce qui est sale, pollué, souillé. Selon le dictionnaire de la Bible la pollution est pris pour le péché, la profanation, la souillure ; l'impureté.

Eaux (La pollution physique des): cela veut dire que les eaux de la rive du fleuve-Congo sont salies ; elles sont devenues inexploitables et amères.

Shell, une compagnie anglaise, ayant pollué les eaux du lac Nigeria, avait occasionné des dégâts énormes sur l'environnement. Les pêcheurs ne pouvaient plus exercer leur activité. C'était une véritable perte sur le plan économique. En ce qui concerne notre pays, avec les eaux polluées, cela traduit la compromission.
Soulignons aussi que la Bible a aussi symbolisé les eaux comme étant la Parole, ou même l'Esprit, surtout si ce sont les eaux du fleuve. La mer a souvent symbolisé les nations, mais le fleuve symbolise l'Esprit, d'où l'expression « Eau vive » qui devait couler dans l'homme croyant en Dieu. Je l'affirme sans scrupule que notre pays est pollué, par l'importation des fausses divinités, ce qui occasionnant un temps d'assoupissement. Vous devez savoir que dans la nation d'Israël que nous présente la Bible, il y avait un pouvoir politique qu'incarnait, le roi et le pouvoir spirituel qu'incarnaient le prophète et le sacrificateur. Le roi devait être à l'écoute du prophète, pour ne pas se détourner de la pensée de Dieu. C'est ainsi qu'Israël prenait le dessus sur tous ses ennemis.
Mais lors des déclins spirituels, le peuple se faisait diriger par des rois idolâtres, et le pays traversait des moments pénibles. Du temps d'Achab par exemple, il y avait des autels auxquels on sacrifiait aux divinités étrangères, et nous en connaissons les conséquences. Le ciel était fermé pendant trois ans et six mois, (Jacques 5.17) et

ne pouvait répandre la pluie sur terre, c'est qui est l'image de l'absence de la bénédiction. En conséquence, il y avait la famine par toute la terre.

Bêtes : est synonyme d'idiot.

Tortue (La):c'est un reptile au corps massif protégé par une carapace et un plastron, généralement très épais et rigide, porte une tête munie d'un bec corné sans dents. Selon la culture Bantou, la tortue est un animal qui incarne la ruse, elle ne combat pas la guerre, mais à la fin elle est victorieuse. Elle est maline, dure de sa peau, elle symbolise la longévité. Elle incarne aussi l'hypocrisie en ce qu'elle est un amphibie pour sa double vie aquatique et terrestre. Selon la Bible, la tortue est parmi les animaux impurs. (Lévitique 11.29)
La tortue est aussi l'image de celui qui espère sur sa propre carapace, la sécurité qu'on se donne soi-même. Image aussi d'une nouvelle ère de gouvernance.

Stigmate(s):c'est une marque durable que laisse une plaie, une maladie ou une cicatrice. Ils peuvent être physiques ou moraux, d'après le dictionnaire Larousse 2010 (ou on peut appeler tatouage, parfois utilisé pour faire des signes de reconnaissance aux grands criminels ; dans les camps de prisons russe comme dans un film de guerre, tourné en Bosnie par des marines américaines dans une ville dénommé Hac, titre de film ; dans le territoire de l'ennemi réalisé par Chris Burnett et Amiral Reigart).

Asticots : Larves des mouches, telles que les mouches à viande, qui déposent leurs œufs sur les matières en décomposition. Le petit Larousse, 2010 les considère comme insectes.

Remède : qui sert à prévenir ou à combattre une maladie.
Divin : qui a rapport à Dieu.
Guérison : disparition complète d'une maladie physique ou morale.
Congo : Situé en Afrique Centrale, Capital Brazzaville à une

superficie de 342000km^{e} compte environ cinq (5) millions d'habitants, sur le plan économique, l'espoir repose sur les richesses naturelles que sont principalement le pétrole et le bois, les minerais. Sur le plan socioculturel, le Congo-Brazzaville se compose de divers groupes ethniques eux-mêmes subdivisés en sous –groupes du nord au sud l'unité au plan linguistique se fait à travers deux langues nationales : le Lingala et le Kikongo (munu Kituba). Le Téké parlé au nord et au sud est l'ethnie majoritaire. Colonie française, le Congo accède à l'indépendance le 15 août 1960, sa population 60% de la jeunesse et 96 % Chrétiennes.

Blanc : La couleur blanche est la couleur de la sainteté et de la purification. Un « oiseau de couleur blanche » veut dire que la sainteté a été foulée à terre, à cause des abominations qui se commettaient dans ce pays, au point où le séjour peut être bon, mais les eaux sont amères, comme cela fut le cas dans l'ancienne Jéricho.
Le prophète Elisée s'était chargé d'assainir les eaux, pour apporter une vie paisible dans la ville.
Ezéchiel 32 :1-16.31 :1-18 révèle que l'homme peut parfois avoir l'image d'un animal ou d'un arbre.

Chers frères et sœurs, où peut-on retrouver les insectes ou la pollution de la parole de Dieu ? Est-ce pour ne pas donner la mauvaise interprétation des hommes qui les reçoivent ? Pourquoi Dieu a choisi les animaux et nous comparer à eux? D'où proviennent les insectes ?

Le message nous renvoie au contexte historique, au IVe siècle avant Jésus-Christ. Après la mort de Joseph, il s'éleva sur l'Egypte un nouveau Roi, qui n'avait pas connu Joseph. Il dit à ses proches : Si en laisse ce peuple d'Israël libre, un jour ils domineront sur nous et, ensuite ils sortiront du pays et les Egyptiens ont mis un nouveau système pour bloquer le peuple de Dieu de leur liberté, de se développer, ni croissance, pour les retenir, ils faillaient les affaiblir spirituellement, moralement, intellectuellement, économiquement, physiquement.

L'histoire se déroule en Afrique, où le peuple de Dieu a trouvé asile à la suite d'une crise écologique et économique.
Vu l'organisation du peuple Hébreux, sa dynamique, sa prospérité, son émergence démographique, économique, les Egyptiens ont appris à manifester leur haine contre les enfants d'Israël, sous-prétexte qu'ils risqueraient de perdre ce pays ; Pharaon mène une politique d'agressivité : la démographie, la natalité, le contrôle de naissance et celle de grands travaux imposés par le roi ne devraient échouer.
C'est au cours de cette crise que Moïse est né, sa mission était la délivrance du peuple hébreux, de la domination égyptienne ; une domination exprimée par une dure servitude, des rudes travaux civils (Exode 1 :1-15)

Dieu dit à Moïse j'ai vu le système pharaonique contre les enfants d'Israël. Mon peuple est humilié malmené, surveillé, genoux mis par terre, leurs pleurent sont arrivés jusqu'à moi, je t'envoie pour les libérer entre les mains d'oppresseur Dieu dit à Moïse: « Va vers Pharaon, dis-lui de laisser partir mon peuple afin qu'il me serve. » (Exode 3.7-12)

Le thème de notre Message est : Les services

Nous allons lire cinq (5) passages bibliques : Moïse et Aaron allèrent vers Pharaon, et lui dirent : « Ainsi parle l'Eternel, le Dieu des hébreux : jusqu'à quand refuseras-tu de t'humilier devant moi ? *Laisse partir mon peuple, afin qu'il me serve, si tu refuses de laisser aller mon peuple, voici, je ferai venir demain des sauterelles dans toute l'étendue de ton pays*. Elles couvrent la surface de toute la terre, et la terre fut dans l'obscurité ; elles dévorent toute l'herbe de la terre et tout le fruit des arbres, tout ce que la grêle avait laissé ; et il ne resta aucune verdure aux arbres, ni à l'herbe des champs, dans tout le pays d'Egypte », (Exode10 :3-4 et 5).

Définition du thème

Services(les) : Le mot dérive du latin serviteur « servir » qui veut dire ensemble des obligations qu'ont les citoyens en vers l'Etat, une communauté…et, pour le chrétien, « servir » c'est servir l'Eternel, obéir à son service, lui, rendre un culte. D'où « vaut mieux obéir à Dieu qu'aux hommes » honorer Dieu, lui rendre un culte (Mat.4 :10)
Le Service est donc un devoir de quelqu'un qui sert une personne ou une collectivité.
Pour une meilleure compréhension du thème, nous allons expliquer les mots ou termes clés.

3- Les explications des mots clés de texte d'Exode10.4-5

Sauterelle (s) : selon le Dictionnaire nouveau Larousse, les sauterelles sont des insectes sauteurs de couleur jaune ou verte, aux longues pattes postérieures, qui se distinguent du criquet par ses longues antennes et la présence d'une tarière chez la femelle.

Laisse-partir mon peuple: Veut dire, laisse libre le peuple de Dieu ses hommes et femmes retenu captifs par certains idéologie ou un emprisonnement physique ou morale et spirituel de partir hors de… Et sans redevance. Être libre de partir hors de…

Dans ce message, Dieu veut que le peuple sorte de l'esclavage de l'Egypte vers un pays que lui indiquera « ou coulera le lait et le miel » et une fois installé qu'il soit à son service, au service de sa parole. C'est à tort de penser que, cette expression est réservée uniquement au peuple d'Israël, et qu'il ne s'adresse point aux autres peuples. Et nations contemporaines comme le Congo. Dieu est le même hier, aujourd'hui et demain « laisse partir mon peuple, afin qu'il me serve.… » Cette exigence de la part de l'Eternel est une exigence qu'il demande aux dirigeants de l'Africains en général et à ceux du Congo en en particulier, aux pasteurs véreux car les Congolais sont esclaves dans leur, propre pays. Il faut un

départ vers des nouveaux horizons afin d'être à la table des grandes nations non pas à la manière d'un mendiant mais celui « donner et de recevoir » ce pays ,aux richesses multiformes (Pétrole, bois ,or diamant fer, cuivre)etc. en comparaison à la vie difficile qu'endure c'est un parados ce ,alors on en croit pas ce peuple, on se rendra compte qu'il y a un problème grave, qu'il faut ,sans se voiler la face ,trouve un remède qui guérit d'un point de vue physique ,spirituel et politique.
Il faut dialoguer, partager équitablement les biens car le Congolais vit dans une prison à ciel ouvert et un esclave ardu qui ne dit pas son nom

Le Congolais est chez lui, sur son territoire, et ne se trouve sous la domination d'aucune nation ; le peuple congolais n'est pas en otage, car il n'y a aucun peuple étranger qui l'assujettit. Et pourtant, en voyant tout le potentiel que Dieu a mis dans ce pays : ses richesses multiformes (Pétrole, bois, or, diamant, fer, Coltrane, cuivre…), en comparaison à la vie difficile qu'endure paradoxalement ce peuple, on se rendra bien compte qu'il y a un problème grave, qu'il faut régler. Ce problème est d'ordre spirituel. Si on s'en tenait aux conséquences désastreuses qu'a vécues le peuple égyptien, lorsqu'il opprimait Israël, on peut en faire une parallèle d'avec ce que le Congo est en train d'endurer. Car, il est fort regrettable de constater avec amertume qu'il y a comme un déclin spirituel.

Ce problème ne saurait être remédié que si les congolais tournaient leur face vers le Seigneur, avec sincérité et honnêteté, se regarder en face et partant aller ensemble dans la même direction pour un Congo prospère.

Dieu veut que les peuples de toutes les nations puissent l'adorer, car ils sont tous créés par Lui. Si sur le plan humain, aucun homme ne peut être d'accord avec un fils désobéissant, Dieu non plus, n'aime pas les rebelles. Tout peuple qui ne l'adore pas, ne peut demeurer dans la bénédiction. Dieu veut que l'autel d'adoration soit restauré dans ce pays, où les hommes ont tourné leurs cœurs vers le matériel, ils amassent ce qui est périssable.

Servir veut dire rendre un culte : la prière communique, parle, avec Dieu. Servir c'est aussi une adoration. Pourquoi Dieu demande à Pharaon de « *laisse partir son peuple afin de lui servir » ?* Le Créateur Tout-Puissant, peut-il demander un service à un homme (laisser son peuple ...) ?

Le cœur de Dieu est dans le service, qui est un acte d'amour. Envers lui et en vers l'homme son image. Dieu aime que nous soyons en train de le servir, en faisant du bien aux autres, et en respectant ses prescriptions. Le comportement ahurissant de Pharaon, qui consistait à manifester une haine à l'endroit des hébreux, en les réduisant à la servitude, suscite le jugement de Dieu envers quiconque fait de telles pratiques. Cependant, il est content, et favorable à ceux qui font du bien aux autres, même à ceux qui font du bien à leurs ennemis. En somme, Il est content quand nous sommes au service des autres. La Bible dit : « Tu aimeras ton prochain comme toi-même. (Mathieu 5 :44)
Si Dieu avait ordonné à Pharaon de laisser-aller son peuple, c'est parce qu'Il ne voulait pas user de la force. Il ne voulait pas de la perte de Pharaon et de toute l'Egypte. Dieu aime le pécheur, il ne le rejette pas.
C'est pour cette raison que Moïse allait chaque fois avertir Pharaon parce qu'il n'aime pas la destruction ou la disparition de l'homme.

Dieu hait le péché : les Egyptiens vivaient dans la haine, la domination. Dieu est contre le fait que l'homme se permette de dominer l'homme. Il déteste la répression, la souffrance du prochain et la haine contre les étrangers et toute personne crée à son image.

Il y a huit (8) mots en hébreux qui désignent diverses espèces ou états de la sauterelle, entre autres, la locuste, le criquet. Il est impossible de déterminer exactement la nuance indiquée par chacun d'eux, voilà pourquoi nous ne nous donnons pas la peine de définir tous ces concepts.

Les termes de sauterelle, locuste, criquet, larve, nymphe, chenille, conservent les mots hébreux ainsi qu'il suit : « solam, hargol, hagab, gazam, hasil, yélek (Juges 6 :5, Lévitique11 :22, Nah.3 :17, Jérémie 46 :23 , Joël1 :4 ; 2 :25).
Dans le sens figuré de l'Apocalypse, les sauterelles sont l'image d'un fléau surnaturel qui annonce la fin des temps. Ces sauterelles-là sortent des puits de l'abîme ayant Apollyon ou Abadon à leur tête. Elles ne touchent pas à la verdure, mais tourmentent les hommes qui n'ont pas le sceau de Dieu sur leur front (Apoc.9 :1-11) écrit le Dr René Pache, nouveau dictionnaire, Edition Emmaüs, PP1182-1183.

Les sauterelles sont ici comme instrument ou armée du Dieu vivant, quand le peuple abandonne son service, et se tourne vers le péché, en vue de le ramener par sa force auprès de Lui. Les sauterelles entendues comme criquets pèlerins, sont des insectes qui se déplacent en groupes innombrables et dévorent toute végétation JOËL 2 :7
Sur le plan spirituel, elles symbolisent l'image de l'armée de l'Eternel, de Dieu ; les envahisseurs (nos ennemis), qui sont là pour la destruction, l'invasion, la ruine. Les sauterelles invisibles, ruinent l'économie, crées des fissures partout : érosions, inondations, les vents violent, famine….

Si tu refuses de laisse partir mon peuple : si tu n'obéis pas à ma parole, demain je ferai venir les sauterelles dans toute l'étendue de ton pays, si tu maintiens de garder mon peuple, tu ne seras pas en paix. Pharaon répondit soi-disant à Dieu : « Il n'a pas d'autorité sur mon royaume, ici c'est moi qui décide, je m'en fous de tes menaces Dieu réplique par la bouche de Moïse. Comme tu ne veux pas écouter la voie du Seigneur, je ferai un jugement. » Dieu demande avec amour à Pharaon de laisser partir les enfants d'Israël, de repartir dans leur pays, la terre promise par Dieu pour qu'ils soient libres à son service et de le servir avec amour et vérité. Pourquoi Dieu demande à Pharaon de laisser partir les enfants Israël ?

Dieu se souvient de son alliance avec Abraham, Isaac, Jacob. Il veut un peuple honoré. Celui-ci est opprimé, surveillé, maltraité et pris en otage pour construire les grandes villes égyptiennes, Ils étaient comme des étrangers sans papier, sans statut, sans valeur, mis à genoux, privés de leurs droits au travail, des droits réservés aux humains. Ils n'avaient pas ni la liberté, ni parole seul la mort devait les consolé dans leur servitude, le roi. Pharaon n'avait pas de compassion pour eux. Il n'entrevoyait que ses avantages. Celui qui n'obéissait pas aux ordres des égyptiens sera puni et mis à mort par les coups des fouets.

Ce peuple, intimidé, brutalisé, maltraité ; victime des actes de violence et d'injustice et de barbarie, n'avait plus le temps de rendre un culte à son Dieu. Il ne servait plus Adonaï, le vrai Dieu, mais les dieux étrangers. Pharaon s'opposait à la vérité. Les Egyptiens ne voulaient pas laisser aller les enfants d'Israël, ils voulaient plutôt les maintenir par les actes de violence.

Dans cet état de chose message Moïse prononce un message de menace et l'avertissement, c'est-à-dire le jugement, si seulement Pharaon devait continuer à empêcher le peuple de Dieu ait la liberté physique et de montée dans leurs pays, alors que Dieu voulait que celui-ci quitte l'Egypte pour lui rendre un culte de trois jours dans désert. Les égyptiens ont pris le peuple de Dieu en otage comme sa propriété, Ils empêchaient ce peuple hébreu d'aller proclamer son évangile. Israël était l'image de l'église de Dieu. Le peuple travaillait comme esclave pour la construction de leurs deux villes, sans pour autant recevoir un salaire.

La lutte entre Moïse et Pharaon était engagée. Il était donc question de montrer la suprématie. Il y avait d'un côté l'Egypte, force mondaine (nature) et Moïse et Israël, force spirituelle (force surnaturelle). Pharaon incarnait la force, mais celle de Moïse est plus que la sienne.

Le temps était donc arrivé, car il Ya un temps pour chaque chose, où Dieu devait prouver au Roi, qu'Il est l'Eternel des armées, et qu'il n'y a aucune force au-dessus de Lui. Il fallait donc faire passer les épreuves à l'Egypte. Si tu retiens ce peuple, je ferai un jugement ; le jugement qui se manifeste par la présence des sauterelles, des insectes nuisibles qui vont dévorer les champs ; les catastrophes naturelles, les maladies, la mort suivront. Les asticots qui sont sur le flanc de la tortue sont comme les sauterelles, les envahisseurs. Dieu menaça ainsi les récoltes et l'économie des Egyptiens.

Les sauterelles sont nos adversaires, mais aussi des instruments de châtiment de Dieu, car ils montaient leurs troupeaux et leurs tentes, et ils arrivaient comme une multitude de sauterelles. Ils étaient innombrables, eux et leurs chameaux, et ils venaient dans le pays pour ravager tout : Juges 6 :5 Voilà pourquoi la Bible dans sa version Tob nous donne l'orientation, Exode10.1-15, sur le jugement de Dieu ; Joël 2 .7, sur les guerriers qui sont comparés aux sauterelles, Joël 2.4, sur l'Invasion, Joël 1.4, sur la destruction et 1 :4 ; Amos 4.7-9, sur la ruine et Apocalypse 9.7-9, sur l'image de la guerre.

Pourquoi Dieu nous compare aux bêtes ? Un pasteur de l'Eglise Christ-Co, Clément Mbouala était à est affecté dans une localité du pays. Quand il y arriva et pendant sa première nuit, Dieu lui révèle que la vie de cette District (nord du pays sur la rive du fleuve – Congo) est comme une vie de crocodile. Comment vit, se comporte et se nourrit ce genre d'espèce ?
Le crocodile vit dans l'eau et sur la terre ferme. Il se nourrit de la chair et des poissons. Il a l'apparence d'être doux, cependant très dangereux ; il est fort, puissant et rapide. Le crocodile ne rate pas sa cible. Il ne partage pas ce qu'il tue. Il est parmi les animaux impurs que Dieu avait interdits à son peuple Hébreu dans l'ancienne alliance, de ne toucher ni de manger (Lévitique 11 :29)
La population de cette localité vit à l'image du crocodile : il ne partage guère, donne les offrandes à Dieu avec peine et difficulté…larme de crocodile c'est aussi image de hypocrisies (c'est à dire faire semblant mais tu sais la vérité).

Pourquoi donc la tortue ? Dieu nous compare à la tortue par rapport à nos manières de vivre. Actuellement, dans sa relation avec son prochain, le Congolais est hypocrite, il impose des conditions pour rendre un service aux autres, il exige d'abord des pourcentages (hommes et femmes : 10 % pour n'importe quelle opération) et pour les femmes, il faut offrir son corps pour un acte sexuel avant de bénéficier de certains avantages voire une nomination à un poste (harcèlement sexuel). Par ces différentes pratiques, les médiocres occupent des postes que devraient occuper les cadres compétents. On a sacrifié le mérite au profit de la médiocrité. La vie est devenue contradictoire à la véritable nature de l'homme, que Dieu a, pourtant, créé intelligent, à la différence des autres espèces. Il y a une dépravation spectaculaire des mœurs dans notre pays. Lorsque les personnes médiocres occupent les hautes fonctions, elles ont à recours à l'injustice, pour affaiblir et anéantir les compétents, et cela déplaît fort à celui qui a dit que l'homme mangera le pain à la sueur de son front.

Il est vraiment absurde qu'un peuple se complaise à la médiocrité, à la bassesse et à toutes formes d'injustice. L'injustice de l'homme finit toujours par provoquer la justice de Dieu, devant laquelle il n'y a aucun secours, sinon la repentance.

Un peuple paresseux qui ne veut plus travailler, oisif, qui attend tout de l'Etat et de la politique et de l'occident, tandis que Dieu a bénit le sol du Congo pour ses myriades de richesses. Ce sont les bénédictions de l'Eternel qui enrichissent les pays et c'est Lui qui envoie la pluie de bénédictions.

Mais les autorités congolaises devenues trop sages pour ruiner l'économie, s'enrichir seules et chaque jour mentir le peuple au nom duquel elles parlent, sans se gêner. Elles n'ont plus l'esprit pour construire et développer le pays ou régler les problèmes sociaux. Elles écartent même ceux qui ont de bonnes idées, car elles supposent que Dieu a mis toutes les richesses dans le sous-sol de ce pays, pour profiter uniquement à un petit groupe. En plus de cela, elles privilégient uniquement les distractions pour abêtir le peuple. On constate avec amertume que tous ces jeunes qui jouent au football tous les dimanches matins, et qui se rencontrent dans les bars les après-midis, bénéficient du soutien de ces mêmes personnes qui ne font aucun effort pour le développement du sport dans notre pays. Les jeunes qui ont des projets ne bénéficient d'aucune aide, et on constate étrangement que mêmes les plus nuls vivent mieux. Il y a une volonté nuisible de détruire l'avenir.

La jeunesse congolaise passe plus le temps dans les jeux de loterie, jeux liés à l'argent et aux débats politiques et discutent sur les grandes vedettes sportives de l'étranger au lieu de se mettre au service de Dieu ou de la nation.

Un peuple hypocrite qui s'aime pas son prochain. Il fait semblant d'aimer l'autre ; lui dire la vérité, mais au fond de son cœur, il le médit. Le Christ a dit : hypocrites Esaïe a bien prophétise sur vous, quand il a dit : ce peuple m'honore des lèvres, mais son cœur est éloigné de moi. Mt15.7-8

Un peuple malade est symbolisé par la tortue qui porte des stigmates à l'instar de la république du Congo. Les deux (2) stigmates (signes) sur la carapace veulent dire que le pouvoir ou le trône de deux (2) mandats de la nouvelle république est confronté aux difficultés de tout genre, à l'adversité c'est-à-dire aux asticots.
La tortue est aussi infectée. Les insectes dans la Bible ce sont les sauterelles, nos adversaires qui viennent dévaster nos champs, nos biens. Ce sont donc nos ennemis à combattre. Les asticots symbolisent la pourriture, la corruption, la nuisance physique. De nos jours, au Congo sévissent les ''bébés noirs'', les 'boume étrangers'' qui détruisent les édifices de l'Etat. À Mpouya, par exemple, les panneaux solaires placés par un député de la circonscription ont été volés par la population. La destruction des ponts de la voie ferrée ; le CFCO ne fonctionnant plus, est une énorme perte d'argent qui devrait rentrer au trésor public. Les exemples sont légions : de la rébellion en passant par la misère du peuple entretenue par les gouvernants.

Peuple congolais quand on ne s'occupe pas du prochain ni des intérêts des autres, Dieu peut vous punir, il peut aussi faire baisser l'économie d'une nation, faire que les fléaux ou les catastrophes tombent sur vous. Les pluies violentes peuvent causer les érosions, provoquer des dégâts matériels et de pertes en vies humaines. La crise écologique change de calendrier du débit d'eau dans les fleuves : l'étiage par exemple au mois septembre De nos jours il faut parcourir 20 kilomètres pour avoir un endroit approprié pour faire les champs.

Le non-respect du plan de Dieu par rapport au prochain, nous prive du royaume de Dieu, de sa présence, de sa gloire, de son autorité, de sa promesse. La tricherie, la tromperie, le vol, le cafouillage, la confusion, le détournement, la manipulation, la fraude sont des comportements ou agissements qui sont contre la parole de Dieu. Quand nous nous éloignons du plan de Dieu, de sa volonté, nous nous égarons. On devient une idole, une star (Psaume 24).

Le décret est une loi, une décision d'une autorité supérieure. Quand on désobéit à Dieu, il peut nous sanctionner en nous privant de ses bénédictions.

Dieu peut ravir sa prospérité. Pour les hommes de sciences, ils pourront dire le contraire pour le changement climatique, une crise écologique qui avait commencé avant la naissance de Jésus-Christ.

Bien-aimés dans le Seigneur, frères et sœurs, quand nous faisons n'importe quoi, Dieu n'accompagne pas nos projets, nos intentions. Si les gens n'écoutent pas les hommes de Dieu ce sera un chaos total. Le culte de sacrifices, le culte des démons, le péché non confessé ce sont des choses qui polluent une nation, et évidemment, c'est ce qui est en train de se pratiquer, malheureusement au Congo.
Dieu frappe et les conséquences, les incompréhensions au sein du peuple et grandes puissances sont incalculables. Dieu veut aussi travailler avec les grandes puissances économiques et militaires.

Mais, la misère, la pauvreté, la délinquance, le taux de mortalité très élevé, les gens meurent comme les animaux, certains à cause de la pauvreté, par contre d'autres sont sacrifiés par les membres de la famille pour les biens matériels, pour occuper les grandes fonctions etc. La vie humaine n'a plus de valeur au Congo, c'est comme si l'homme était en train de repartir à l'état de nature. L'impunité, l'injustice, la corruption, les assassinats et tous les phénomènes dangereux qui refont surface dans notre pays, sont la preuve du refus d'écouter Dieu, manifesté par les gouvernants.

On peut constater avec consternation, la montée en puissance des religions qui s'opposent à la vie de Dieu. De nos jours, il y a une spiritualité confuse au Congo, occasionnée par l'importation des divinités étrangères de l'Egypte ou de la Grèce antique. A cela se joignent toutes les loges. On note aussi une montée spectaculaire d'une conception religieuse propre aux noirs qui revendiquent une place au soleil, sous-prétexte que leur temps est arrivé.

Les mauvaises pratiques, les sciences occultes, les prostitutions, le vol des biens privés et de l'Etat par la destruction des boutiques des commerçants, et des Eglises, tout cela met la république en difficulté. L'absence de la sécurité pousse les hommes à avoir peur de se promener la nuit dans certains quartiers. Il y a aussi la famine, les divisions, la délinquance, qui constituent de sérieuses menaces sur les problèmes d'héritage ou de succession.
Dans l'Ancien testament pour punir Pharaon, Dieu avait envoyé les sauterelles, les fléaux et la famine pour nuire aux Egyptiens. Ceci avait pour objectif de les presser en vue de la liberté du peuple d'Israël. Le peuple Hébreu devait regagner leur pays d'origine promis par Dieu à leurs ancêtres. Aujourd'hui pour nous punir, Dieu peut aussi nous envoyer des fléaux tels que la misère, les maladies incurables, les troubles, la famine, la destruction ; les faux prophètes, l'insécurité, en un mot tout ce qui peut nuire à la vie de l'homme.

A Canaan, en Israël, Dieu a plusieurs fois utilisé les sauterelles contre son propre peuple élu à cause de la désobéissance. Joël :

2.7. Ce verset révèle les sauterelles comme l'armée de Dieu (instrument). L'histoire de Gédéon aussi nous l'enseigne. Quand le mal vient, ce n'est pas pour passer, c'est pour rester.
Gédéon se demandait quel Dieu pouvait permettre la souffrance à son peuple. Dieu lui répondit : à cause de ton père qui a mis des idoles dans les temples du Roi Sédécias. Dieu avait prononcé le jugement à son peuple élu Israël à cause de la méchanceté, pour l'avoir abandonné. Les leaders de l'époque enseignaient et convainquaient le peuple que le seul vrai Dieu ne suffisait pas, il fallait faire le mélange. Cela a duré 23 ans de reproches, mais le peuple ne répondait pas, il restait sourd, et par sa colère Dieu choisit Babylone par son serviteur Neboucanetsar. Il lui confia la mission pour punir les enfants d'Israël, pour l'avoir abandonné et suivre les faux Élohim.
Pour notre Congo, Dieu peut aussi donner sa force aux ennemis pour punir et ramener auprès de lui par force, le peuple qui est devenu inconscient, stupide, violent ; il ne respecte plus les lois de la nation et celles de la sagesse divine. Ils font plus de mal que le bien. Pour que nous demeurions en sécurité, nous devons suivre la volonté du Seigneur et ses voies.

« Laisse partir mon peuple » afin qu'il me serve cette expression veut dire quoi ? « *Laisse partir mon peuple afin qu'il serve,* »c'est proclamer sa parole au captif, rendre un culte saints.

Depuis les temps anciens jusqu'à nos jours, l'homme cherche l'origine de sa souffrance. Les uns accusent Dieu d'en être responsable alors que les raisons sont multiples : la souffrance peut être liée aux épreuves de la foi, au péché commis comme Israël en exil ; elle peut être liée à la désobéissance aux lois de la nature. Elle est parfois d'origine inconnue (formation), cas de Job et Israël en captivité en Egypte.
Pour toi et moi frères et sœurs, c'est aussi par la souffrance que Dieu nous a formés et nous a enseignés d'être fidèles à lui et compétent à son service. Toute souffrance n'est donc pas mauvaise en soi.

Servir c'est respecter les enseignements, pas de faux témoignages pour ton frère, pratique la justice et le pardon, respecte les autres.

Le refus

« Partir mon peuple afin qu'il me serve… » Veux dire libère mon peuple fait tomber ses chaines « rends le libre. »
Alors cette parole de Moïse de la part du seigneur devant le roi d'Egypte, doit se redire encore aujourd'hui dans la dictature qu'imposent les églises et dans les Etats dictatoriaux « laisse partir mon peuple. » Aux pasteurs qui rançonnes leurs adeptes au point de devenir de vulgaires charlatans et c'est le péché de Simon le Magicien (Actes.8.9, 13) que l'on nomme « Simonie ». Se nourrissant de l'énergie de leurs adeptes en groupe d'aveugles qui se laissent conduire par d'autres aveugles cette énergie que l'on vole malicieusement peut être mental, psychique, et surtout physique travaux, permanences … Effectués sans numération. Pourtant, Dieu a donné à tous les hommes des dons, un pouvoir alors aidez- le à s'éclore dans ces hommes-là et pour le bien être de toute la communauté. Votre rôle n'est pas d'exercer un lavage de cerveau par une idéologie diabolique ou d'augmenter leur souffrance comme l'avait ordonné le roi d'Egypte Ex.5.9
Aux dirigeants politiques, vous avez la charge de conduire le peuple vers des destinés meilleurs donc vers la voie du salut, du progrès, de l'équité et du bien-être. Il n'est pas le marchepied de votre trône ni le bulldozer qui déblaie le chemin de votre richesse. Vous devez être des modèles de personnes qui canalisent, crées des conditions réelles du bien vivre et du vivre ensemble et partant, vous procurer la paix en vous- même .Mais vous êtes des « médecins » après la mort, devant un peuple qui à la mémoire courte
« Laisse partir mon peuple » parce qu'il souffre, cette souffrance se ressent partout dans la République.la gratuité dans l'enseignement publique n'existe plus. Pour un devoir, l'élève doit payer une pièce de cents(100) francs CFA et s'il Ya eut six devoir dans le mois dans une classe pléthorique 150 élèves. Allez y comprendre. Où vas la République ? Antonin Arthaud disait en substance: « Assurer la vie matérielle, c'est assurer la vie morale.

Faites des hommes heureux, vous les rendez meilleurs » .Ne pas regarder la réalité en face et dire non et de regarder en arrière comme la femme de Lot(Gen.19.26). Est refus qui empêche qu'un peuple ait la liberté c'est le précipice, un saut dans le néant. « Dieu entend tout, Dieu voit tout » chaque refus étant une action et chaque action engendre un résultat, une conséquence et la conséquence beaucoup la recevront comme Pharaon. « Parce que tu as fait cela ...(Gn3.14) Dieu dirige nos actions.de peuple élève le peuple abaisse. « La voix du peuple c'est la voix de Dieu », il faut le servir et non servir. La bible est devenu pour certain un arbre qui cache la forêt. La politique est devenue pour les autres un moyen pour s'enrichir. Or nous devons faire la volonté du créateur et non la nôtre puisque « Quand tu étais jeune, dit : le seigneur tu mettrais toi-même la ceinture...(Jn21), 18.Nous sommes par ainsi dire, des serviteurs inutiles. A tous, cultivons la paix et non la guerre, l'amour et non la haine. Or, tant que les armes circuleront partout, il n'y n'aura pas de paix. Tout qu'il y aura des pasteurs vivants de l'opulence à côte des adeptes qui manque de tout, il n'y aura pas de paix, tant qu'il y aura des hommes politiques devenu opulents à cause de l'argent pris malicieusement dans les caisses de l'Etat, il n'aura pas de paix. Tant qu'il existera des régimes tyranniques écrasant les libertés individuelles, tant que le tribalisme se situera au sommet de l'Etat il n'aura pas de paix. Et les faits sont légions. Seuls les peuples gouvernés démocratiquement peuvent édifier une paix perpétuelle. Le refus à ce qui précède sera lourd de conséquences. Il nous faut se regarder en face et se reconnaitre comme pécheur. Demandons pardon, et écoutons le seigneur « si vous entendez ma voix, n'endurcissez pas vos cœurs (Ps.95.7, 8, Hébreux 4.7) .Beaucoup de prière et de colloques mais pas de changement sur et radical dans le changement des mentalités, et radical dans le changement des mentalités chargés de l'esprit du sang et de l'envoutement.

La paix que l'on parle est une paix sans « pain » et les populations ne sauront à quel saint se vouer. Beaucoup de discours point de réalisation en réalité, point de salut. Nous allons prier c'est bien mais, libérons nous d'abord des clivages, du mépris des uns des autres et plusieurs maux encore. Nous sommes devenu comme des

« moutons qui n'ont pas de berger » Mt 9.36.Nous voulons aller au développement par nos propres effort qu'elle illusion ? « Si le seigneur ne bâtit pas mais ceux bâtissent travaille vain…»(Ps.127.1) .Dégageons nos cœurs de tout esprit de haine car le seigneur ne dit-il pas : « si tu veux apporter ton offrande à Dieu et que tu te souviens que as un litige avec ton frère… » (Mt.23, 24). « Ô Dieu de l'univers fais- nous revivre …» Ps.80 oui fais revivre le Congo en toi que la tortue malade trouve le chemin, de sa réparation et qu'enfin, comme le dit le prophète Isaïe. « Alors ta lumière jaillira comme l'aurore, et ta plaie se fermera vite » (Is.58, 1.12) Ainsi, avec un cœur d'hommes à l'esprit de pouvoir se remettre en cause, nous nous proposerons cette prière « ô verbe de Dieu venu partager notre condition d'homme fait grandir en nous le désir d'avoir part à ta gloire. En toi notre Salut, Seigneur, Emmanuel Prince de la Paix venu pour changer les épées en charrues et les lances en faucilles, Fais- nous passer de la haine à l'amour, de l'injure au pardon Envoyé du Père pour annoncer la délivrance des captifs, rends- nous solidaires de la lutte pour la justice et la vérité. Maître de de justice, qui ne juge pas sur l'apparence, donnes-nous de vivre dans l'humilité et d'accomplir la vérité. Tu es sorti du sein du père pour revêtir notre humanité ;libère notre vie du péché et la seconde mort .Tu viendras manifeste ta gloire au Congo et parmi tes élus fait entendre aujourd'hui et maintenant ton appel à ceux qui Sont loin de toi » : nous nous glorifions dans louange ; des maintenant, visités-nous par ton salut, Tu nous as conduits, par la loi, vers la lumière ; Fais – nos vivre, en vrai Congolais unis, par ta justice, de manière à te plaire » Ainsi nous avions prié, en ce qui concerne, au regard, du discernement que donne cette vision, Amen !

b) La pollution

Quand nous disons que le Congo est pollué, c'est qu'il y a des phénomènes extérieurs ou internes qui sont nuisibles au bon fonctionnement des institutions congolaises. Que peuvent être ces phénomènes ? Ce sont des antivaleurs, le péché sous toutes ses formes : la corruption dans toutes les institutions du pays, la mauvaise gestion des ressources du pays à savoir : gabegie financière et économique ; mauvaise utilisation des ressources humaines, minières et forestières minières, la fraude, la concussion, la cupidité, l'égoïsme, le non-respect des engagements et de la parole d'honneur donnée envers le peuple.

De même la population vit dans un environnement caractérisé par l'insalubrité, le désordre, le pillage, le vol, l'impunité, le trafic d'influence, la destruction des biens, des édifices publics et privés, les assassinats, les meurtres, la répression des opposants quand ils critiquent la politique de gouvernance, les agressions en utilisant certaines méthodes judiciaires peu convenables. Tout cela est contraire à la volonté du ciel, ou du plan divin.

On assiste aux phénomènes de groupes armés constitués des jeunes qui imitent très mal ce qui se passe ailleurs tels que les « bébés noirs » où « les américains », qui se battent contre les « arabes » dans nos quartiers, l'usage des « bébés Lili » à l'école. Les congolais et congolaises se lancent dans la prostitution, le vol, la violence, le mensonge. Le Laisser-aller, le mauvais usage de la liberté nous conduisent dans les comportements pervers : l'occupation anarchique des espaces verts, la destruction des forêts, même celle du centre-ville pour construire les maisons, Personne n'intervient pour interdire de telles pratiques. La pollution touche même les mentalités de gens. Elle est en train de tuer plus que la guerre du Pool le mal gastrique, les avc, la paralysie et autres maux. Dans les foyers conjugaux, les divorces sont monnaie courante. Ce qui génère la délinquance, la débauche. Dans les hôpitaux le travail n'est pas accompli selon le serment de d'Hippocrate, mais selon la corruption et la mauvaise foi.

La pollution a affaibli les instituons de la république, car il y a l'impunité qui règne partout. Les pilleurs de l'économie congolaise ne sont pas inquiétés, plutôt ils se la coulent douce tandis que la population piaffe dans la misère extrême. Le non-respect des droits de l'homme, les injustices sociales, les emprisonnements arbitraires, le climat de peur entretenu par les dirigeants, la terreur,

par la création de milices armées et de bandes de criminels, prouvent que la société congolaise est polluée et nous nageons dans la boue.
Les entreprises de façade sont corrompues, on n'y place pas l'homme qu'il faut à la place qu'il faut ou qu'il mérite. Ce sont les parents qui gèrent et on n'a pas le droit de les sanctionner. Aujourd'hui la pollution ronge tous les secteurs de la vie au Congo.

J'avais un rendez avec mes parents, je passais dans une ruelle, j'ai vu des hommes en uniforme, biens armés qui prenaient la garde, ils étaient comme prêts au combat. Je m'é- tonnais et de comprendre qu'ils étaient la ligne de combat, et je me demandais : contre qui s'apprêtaient-ils à combattre ? En réalité, il n'y avait pas d'ennemi. Mais lorsqu'on est plongé dans le mal, la peur de l'inconnu nous met permanemment en face d'un ennemi imaginaire. Ce traduit ce que souhaitent ces hommes, c'est-à-dire qu'ils se plaisent aux troubles, et sont ennemis de la paix. Le pays est vraiment pollué dans tous les domaines.

La pollution du Congo révèle la présence des forces démoniaques ou impures qui ont pris en otage le pays, mettant ainsi en difficulté l'action du Saint Esprit, car les personnes qui étaient censées être dirigées par le Saint-Esprit, trouvent du plaisir à faire le mal. Et la pollution des eaux est, dans Apocalypse 17 :15, l'image d'une nation, d'une foule, d'un peuple. Dans le langage de Dieu une nation salie est malade. La pollution, peut être appréhendée comme tout phénomène extérieur qui peut être nuisible, dangereux ou désagréable pour la santé. L'émission involontaire de sperme par exemple. Elle nous entraîne à des phénomènes inhabituels tels les vents violents…

Lorsqu'un pays arrive à ce stade, une repentance collective s'avère impérative. Au cas contraire, la situation va s'empirer, et provoquera des désastres énormes. Il est donc temps, que les congolais cessent de faire semblant, comme si tout allait bien. Cette repentance devait commencer par l'élite du pays, dans tous les domaines, pour atteindre le peuple de la basse classe ; c'est-à-dire qu'elle devait impliquer les autorités congolaises. Lorsqu'on parle des autorités, on a souvent supposé à tort qu'il s'agisse simplement des politiciens. Vous devez savoir, qu'il y a des autorités spirituels, qui sont d'ailleurs au premier plan, car ce sont elles qui attirent les faveurs du Créateur dans une nation ; ensuite, il y a les autorités politiques, militaires, juridiques...Très souvent, ces dernières se pervertissent, lorsque les autorités spirituelles ne jouent pas bien leur rôle. Elles peuvent même aller au-delà de la perversion, comme c'est le cas actuellement au Congo, le mal est devenu le bien, et vice-versa.

c) La pollution au plan spirituel

1) Culte des chrétiens

Sur le plan spirituel, la pollution veut dire la profanation, le péché, la souillure, l'impureté. Nous constatons que plusieurs serviteurs de Dieu ont abandonné la foi et travaillent pour leur ventre. Ils se passent pour de distributeurs des dons spirituels réservés à Dieu lui-même.
En effet, il n'est pas rare de rencontrer dans une communauté où le pasteur demande aux croyants qui ont besoin d'un mariage, d'un emploi, des voyages à l'extérieur du pays ou de tout autre besoin, de lui apporter une somme de 10 000 f CFA ou 500 000 f CFA, pour être béni ou délivré des esprits méchants, des mauvais sorts. Les pauvres fidèles, ignorants et aveugles se dévouent à donner de l'argent. Ils attendent les résultats en vain. Le salut des âmes n'est pas enseigné, les faux pasteurs pratiquent la fausse prophétie.

Dieu a donné à Israël l'élevage et l'agriculture. Les grandes puissances comme les USA, Chine et autres, sont développées aujourd'hui, c'est grâce à ces deux secteurs. Le travail de bureau, c'est-à-dire être fonctionnaire est une pure création de l'homme qui croit à ce qu'on lui dit, à ce qu'il écoute. Dans Genèse 6 :11, on pose la question à Adam : « Qui t'a appris que tu es nu ? » Ceux que les hommes nous apprennent, peut nous conduire parfois à la mort.

Le corps d'un oiseau de couleur blanche, mort dans l'eau, symbolise l'abandon de la sainteté

.

Bien-aimés dans le Seigneur, le blanc est une couleur de sainteté et de purification. Le Saint Esprit ne peut pas opérer à cause du péché qui atteint des proportions alarmantes dans le pays. Le verset d'Ezéchiel 32 :1-16 révèle que l'homme peut parfois avoir l'image d'un animal.

Chers frères et sœurs, il y a deux types de mort : la mort spirituelle et la mort physique. La mort spirituelle, c'est la séparation de l'homme d'avec Dieu. Le temps du Roi Saül ou Roi Joaquim sont des illustrations. La mort physique est la cessation de vie, l'homme quitte ce monde pour aller au séjour des morts. Quand le peuple se détourne de Dieu pour être au service d'autres dieux, il choisit la voie de la méchanceté, de la violence et du péché. Tous ces systèmes à la mode qui ont fait surface dans de nombreuses églises, sont du diable, car il fait la contrefaçon de l'évangile, par l'esprit de l'antéchrist.

2) Cultes des païens

Le peuple Congolais, au lieu d'adorer ou de servir Dieu le Créateur, il sert les dieux étrangers. Le culte païen enseigne les gens comment être heureux sur terre, avoir des hautes fonctions, de la protection. Alors qu'il n'y a ni bonheur, ni protection loin du Seigneur. Le culte des idoles où on dédie la nation entre les mains de Satan, est devenue quelque chose qui se fait au grand jour. Dans le passé, le culte d'idolâtrie se faisait en cachette dans les maisons, mais de nos jours leurs temples sont devenus publics. Sans honte ni gêne, même les programmes des cultes et des réceptions sont affichés sur les murs de leurs édifices. Ils organisent campagnes de sensibilisation dans les medias, par SMS pour gagner les nouveaux adeptes, et un certain nombre de conditions sont posées, pour l'adhésion. Aujourd'hui, il y a une sorte de rage et haine que les païens, et même de nombreuses personnes élevées en dignité, sont entrain de manifester à l'endroit de l'église, jusqu'à suggérer des projets de lois, qui ont l'intention de vouloir suspendre les retrouvailles des chrétiens. Sur les réseaux sociaux et même à travers les émissions télévisées, il y a des insultes et des menaces de tout genre, contre les Serviteurs de Dieu, et les chrétiens dans l'ensemble. Ce fait est même appuyé par certains pasteurs qui ont abandonné leur dignité, et qui courent derrière l'homme politique, afin d'obtenir de lui, de l'argent, pour la construction d'une synagogue en baie-vitrée et climatisé.

La vision qui est symbolisée par les bêtes et les eaux, traduit l'image actuelle de notre pays où se propagent des comportements et tempéraments anormaux, antisociaux ; des antivaleurs. La pollution des eaux, c'est parler du mal de Dieu ; le manque de respect à la divinité c'est ne pas reconnaître Dieu comme Etre suprême de tous les temps. Pour les uns, le dimanche est une journée réservée aux différentes distractions. Ils commettent le péché, l'injustice alors qu'ils connaissent ce qui est juste devant Dieu (Luc13.27 ; Romains 1.18, 2 Timothée 2.19).

Iniquité : ce terme traduit plusieurs mots grecs différents, dont le sens peut être une manière d'agir sans loi, sans frein, que l'acte soit volontaire ou de tout ignorance (Matthieu 7.23, 24.12 ; Romain 6.19).

Le péché d'impureté : ce n'est pas respecter le temple de Dieu qui est notre corps qu'on utilise pour nos propres besoins charnels. Un peuple souillé par sa richesse, ne vit pas selon la volonté parfaite de Dieu, mais selon les désirs du monde, selon les passions des hommes, leur richesse, leurs biens matériels…

Oui, on parle de la crise, elle est là et c'est une évidence, on ne saurait le nier. Comprenez que les eaux sont polluées. Et pourtant le Christ est là, Il est notre espérance à l'infini. Malachie 3 :11 est écrit pour ceux qui adorent Dieu selon la nouvelle alliance, et nous comptons sur Lui. Nous avons de la valeur, car Christ va menacer

nos oppresseurs et nos adversaires tant physiques que spirituels. Ceux qui tentent de nous menacer, ceux qui volent nos économies, ceux qui nous dominent, ceux qui sont contre notre émergence, notre prospérité, notre élévation, ceux qui nous empêchent d'avancer, ceux qui nous oppriment, ceux qui nous humilient, ceux qui combattent nos valeurs et nous intimident par la répression… Christ s'occupera d'eux. Dieu fera justice, Il veut que la justice règne au milieu de son peuple, car lui-même a promis de faire justice à tous ceux qui sont opprimés (Psaume 26.1).
La sauterelle qui représente le monde du méchant, de l'oppression, des envahisseurs, ne détruira pas nos récoltes, nos économies et tout ce que Dieu nous a réservé. La crise ne va pas anéantir la vigne. Les champs ne seront pas stériles dans vos compagnes, dit l'Eternel des Armées.

Idolâtrie

Le tribalisme, les injustices sociales et l'idolâtrie qui minent les Congolais ne sont que l'expression de la transgression de la loi de Dieu contenue dans Ex 20, dont l'écho est très remarqué dans plusieurs passages de la Bible, et que Jésus résume en deux commandements (Mt 22, 37-40). Ces mêmes maux sont présents dans l'histoire du peuple d'Israël. Les prophètes préexiliques, exiliques et postexiliques, dans leurs contextes respectifs, les ont dénoncés avec fermeté. A cause de ceux-ci, le royaume du nord s'est retrouvé en exil en 722 avant Jésus-Christ. A cause de son infidélité à la loi de Dieu, le royaume du sud s'est retrouvé en exil entre 606 et 587 avant Jésus-Christ. Les différentes déportations dont le peuple de Dieu a été victime dans l'Ancien Testament, ont pour cause la désobéissance aux commandements de Dieu.

d) La mission prophétique de l'église et son rôle dans la société

L'église a reçu mandat de Dieu, de transformer les vies. Nous relatons cette mission capitale de l'église.

S'il faut définir le concept, le plus simplement possible, « Transformer » c'est de donner une autre forme à quelque chose, par rapport à sa forme initiale. C'est exactement ce que font les ministères que Jésus-Christ a donnés à l'Eglise.
L'homme naturel n'a aucune bonne lecture du monde, car il est conduit par ses désirs charnels. Ce qui fait qu'il ne comprenne pas les choses spirituelles, qu'il considère d'ailleurs comme étant des mythes. Mais lorsqu'il se convertit, sa façon de voir les choses change, car il découvre un nouveau monde, du fait que ses yeux de l'esprit s'ouvrent ; l'Esprit de Dieu renouvelle son intelligence qui a été obscurcie depuis sa naissance. C'est ainsi que sa façon d'appréhender la vie change radicalement.
Depuis le commencement, la Parole de Dieu a toujours joué ce rôle de ''transformer'', car elle donne une forme à ceux qui n'en avaient pas. Dans Genèse 1 : 3-4, il est écrit que la terre était informe et vide. L'Esprit de Dieu se mouvait au-dessus des eaux. Ensuite Dieu a commandé que la lumière soit, et la lumière fut. La Bible dit que Dieu vit que la lumière était bonne, et Il la sépara des ténèbres.
Ce récit nous montre qu'avant de faire toutes choses sur cette terre, il fallut que Dieu donnasse la forme là où il n'y en avait pas. La terre n'avait aucune beauté ni rien de bon, car il y avait des ténèbres à la surface de l'abîme. En ce temps-là, il ne pouvait pas y avoir de vie sur terre. C'est pour cette raison que Dieu a d'abord procédé à une transformation des choses. Là où étaient les ténèbres, Il y a mis la lumière, qu'Il sépara des ténèbres.
L'homme tiré de la poussière de la terre est comparable à cette fameuse terre qui avait besoin de la lumière pour que la vie y devînt possible. Lorsqu'un homme n'a pas encore reçu Jésus-Christ, sa vie n'a pas de forme, même lorsqu'il apprécié par ses semblables. Aux yeux de Dieu, il ressemble à un sépulcre qui contient des ossements. L'homme (entretient) la peur de l'inconnu, la peur de la mort, la peur des esprits mauvais, la peur de l'insécurité ; c'est ce qui le pousse à rechercher une protection. Voilà pourquoi, certains tombent dans la magie ou dans toute autre forme d'idolâtrie. Mais lorsqu'il reçoit Jésus comme Sauveur et Seigneur, sa vision de la vie change, et il ne redoute plus rien,

car il remet désormais son sort entre les mains de son Créateur pour chercher à vivre le plan de Dieu pour lui. Dans Matthieu 5 : 14, Jésus dit de nous que nous sommes la lumière du monde ; nous devons donc éclairer le monde, en condamnant ses œuvres, et en lui montrant le véritable chemin. Nous sommes appelés à apporter la lumière là où régnaient les ténèbres.

Les ministères que Dieu donne à l'Eglise sont appelés à changer les réalités territoriales. Vous devez savoir que ce n'est pas sans raison que Jésus-Christ nous a donné son Esprit, mais c'est pour que nous fassions un travail très efficace selon sa convenance. C'est pour cette raison que l'Apôtre Paul dit que le Royaume de Dieu ne consiste pas en Parole, mais en puissance. Il y a un bel exemple du changement territorial grâce à la Parole, qui ~~est~~ nous est révélée dans Actes 8 : 5-10.

La Bible dit : « Philippe, étant descendu dans la ville de Samarie, y prêcha le Christ. Les foules tout entières étaient attentives à ce que disait Philippe, lorsqu'elles apprirent et virent les miracles qu'il faisait. Car des esprits impurs sortirent de plusieurs démoniaques en poussant de grands cris, et beaucoup de paralytiques et de boiteux furent guéris. Et il y eut une grande joie dans cette ville. Il y avait auparavant dans la ville un homme nommé Simon, qui, se donnant pour un personnage important, exerçait la magie et provoquait l'étonnement du peuple de la Samarie. Tous, du plus petit jusqu'au plus grand, l'écoutaient attentivement, et disaient : « Celui-ci est la puissance de Dieu, celle qui s'appelle la grande » Ils l'écoutaient attentivement, parce qu'il les avait longtemps étonnés par ses actes de magie. Mais, quand ils eurent cru à Philippe, qui leur annonçait la bonne nouvelle du Royaume de Dieu, et du nom de Jésus-Christ, hommes et femmes se firent baptiser. Simon lui-même crut, et, après avoir été baptisé, il ne quittait plus Philippe, et il voyait avec étonnement les miracles et les grands prodiges qui s'opéraient ».

Ce récit nous montre la grande transformation du territoire samaritain, dont les réalités avaient radicalement changé. Cette ville qui auparavant était sous l'influence de la fausse spiritualité incarnée par un faux prophète en la personne de Simon, le magicien. En dépit du fait que le peuple de cette ville était étonné des œuvres infructueuses et ténébreuses de Simon, il n'y faisait pas beau vivre, car la joie y était absente. Le verset 8 précise clairement que la ville a connu la joie, seulement après avoir écouté la prédication de Philippe. Quelqu'un peut vous étonner par toutes sortes de démonstrations, mais si celles-ci ne viennent pas du Saint-Esprit, elles ne vous apporteront ni la joie ni la paix. La puissance qui accompagne l'Evangile de Jésus-Christ, est transformatrice. Simon faisait ses démonstrations, mais il n'avait pas pu changer les choses positivement, car il n'était qu'un agent du monde des ténèbres.

Sachez qu'il n'y a rien d'autre qui puisse nous procurer la vraie joie, si ce n'est la Parole prêchée avec le Saint-Esprit. Voilà pourquoi, tout ministre de Dieu se doit de se préoccuper d'être toujours rempli et conduit par le Saint-Esprit.

Dans 2 Corinthiens 10 : 4-5, l'Apôtre Paul dit : « Car les armes avec lesquelles nous combattons ne sont pas charnelles ; mais elles sont puissantes, par la vertu de Dieu, pour renverser les forteresses. Nous renversons les raisonnements et toute hauteur qui se lève contre la connaissance de Dieu, et nous amenons toute pensée captive à l'obéissance de Christ ».

La parole renverse les forteresses, alors qu'est-ce une forteresse ? Elle peut être définie comme un lieu fortifié, organisé pour la défense d'une ville. Ce qui protège, défend avec force quelque chose ou quelqu'un. Vous devez savoir que dans chaque environnement, et pour que les peuples qui s'y trouvent, puissent ouvrir leur cœur, il faut que ces forteresses soient brisées, d'où nous avons besoin de la Puissance de Dieu, car si nous apportons les discours persuasifs, notre prédication va ressembler à courant philosophique supplémentaire.

Outre les forteresses, la Parole renverse aussi les raisonnements. Alors qu'est-ce le raisonnement ? Le raisonnement est un processus cognitif qui permet d'obtenir de nouveaux résultats ou bien de vérifier la réalité d'un fait en faisant appel soit à différentes « lois », soit à des expériences, quel que soit leur domaine d'application.

Que faire pour la guérison du Congo ?

Que l'Église se repente et prie sincèrement

Dans la section consacrée à la place de l'Eglise au Congo-Brazzaville, démonstration a été faite da la crise spirituelle que traverse l'Eglise au Congo-Brazzaville.

Ainsi, malgré son âge et sa croissance numérique, l'ensemble chrétien doit revenir à Dieu par la repentance afin de mieux pour la guérison de son pays.

IL s'agit donc de s'humilier devant le seigneur notre Dieu en Jésus-Christ. Cela signifie que les chrétiens congolais ont intérêt à reconnaitre la souveraineté et l'autorité de Dieu sur la vie de chaque Congolais, et toute la nation « 2 chroniques 7.14ss ».

Le livre des chroniques souligne beaucoup l'attitude du cœur. Ce n'est pas un simple rite qu'il faut exécuter. C'est de tout cœur qu'individuellement et collectivement les Congolais chrétiens doivent s'humilier. IL est nécessaire que l'Eglise confesse avoir donné la place de Dieu au tribalisme, aux leaders-idoles et à toutes les autres croyances semblables.

L'Eglise doit avouer avoir eu « d'autres dieux » devant la face du seigneur, qu'elle a besoin de se réveiller. Le besoin de l'affermissement de l'assurance Dieu qui est encore trop superficielle s'impose. La superficialité de la foi est peut-être due au manque de suivi systématique de ceux qui s'engagent à la vie chrétienne.

Comme le dit J.I.Packer, la vie doit être comprise et vécue à la lumière de la parole de Dieu. Il pense à juste titre à la révélation de Dieu dans la confiance et l'obéissance, la foi et l'adoration, la prière et la louange, la soumission et le service.

Dans la pensée prophétique, chercher Dieu signifie être constamment en amitié avec Dieu, observer ses commandements, et pratiquer l'amour et la justice. Les pasteurs ont donc la charge de travailler sans relâche pour une meilleure connaissance de Dieu, de sa nature, de sa volonté, de ses desseins. L'étude ou la méditation systématique de la Parole de Dieu en famille, individuellement ou en groupe, est une discipline à cultiver et ne doit jamais être arrêtée à cause des difficultés qui pourraient surgir.

C'est ici l'occasion de dire que, comme le recommande Dieu dans l'ancien Testament, l'enseignement de la parole de Dieu en famille est à prendre au sérieux. Cependant, des parents qui hurlent sans arrêt sur leurs enfants courent le risque de ne pas être respectés. Avec la culture de la méditation quotidienne de la Bible, on acquiert le réflexe de rechercher continuellement la face du Seigneur. Les Congolais qui agissent de la sorte et qui confessent sincèrement Jésus-Christ comme leur sauveur et leur Seigneur peuvent chacun exprimer une piété personnelle et favoriser une spiritualité qui permette au Congolais de dominer les angoisses de la vie qui le poussent à rechercher les solutions de sécurité, de sécurité, de protection, prospérité matérielle dans les idoles de toute sorte. Ainsi, sera transformée une foi vide et chancelante en une foi solide, vigoureuse, responsable. Celle-ci placée dans une dynamique de sanctification progressive, une dynamique de purification permanente du pays.

Parlant de la mission de l'Eglise dans l'apocalypse, Paulin Poucouta affirme « aujourd'hui, comme au temps de Jean, l'évangélisation des Eglises est une urgence ». IL pense, à juste titre, que « la mission de l'Eglise est à l'extérieur comme à l'intérieur. Les chrétiens sont autant destinataires de la bonne nouvelle que les autres. L'Eglise doit s'embraser si elle veut embraser le monde ».

IL est impérieux que l'Eglise chrétienne congolaise se détourne de ses mauvaises voies pour se tourner vers le Dieu véritable dont elle prononce le nom depuis plus cent ans. En se détournant du tribalisme et les injustices sociales, l'Eglise a le devoir d'annoncer à ses membres la bonne nouvelle selon laquelle la foi en Christ transcende les barrières ethno-tribales. Car ceux qui ont reçu la parole faite chair -Jésus-Christ- ont aussi reçu le pouvoir de devenir enfants de Dieu, ils sont, par conséquent, membres de la même famille de Dieu.

Les chrétiens congolais ont besoin d'être encouragés à réfléchir sur la notion de la famille de Dieu (Ep. 2, 29) et ses implications dans les relations interpersonnelles dans l'Eglise et dans la société. Une fois la notion famille de Dieu bien comprise, les chrétiens pourront résister aux manipulations des hommes politiques. En se détournant de son idolâtrie sous toutes ses formes, le peuple de Dieu doit veiller à n'adorer que Dieu seul (Mt. 4, 10). Il est important que l'Eglise confesse toutes les formes d'idolâtrie et autres pratique au culte, en son sein et dans tout le pays.

Que L'Eglise joue continuellement son rôle prophétique

Entant elle-même exemple, l'Eglise doit toujours jouer son rôle prophétique. IL convient de souligner, à ce sujet, trois aspects du rôle prophétique que l'ensemble de l'Eglise chrétienne congolaise devrait jouer. Le premier aspect concerne le rôle de ceux que Poucouta appelle « défricheurs d'avenir ». En Afrique, dit-il la distinction lumière/ténèbres ou jour /nuit est importante, pour exprimer la lutte entre le monde du mal et celui du bien.

Le monde de la nuit représenterait l'action des forces du mal. Pour les Congolais chrétiens, le monde de la nuit représenterait le péché de l'homme, les nombreuses blessures que porte chaque Congolais chaque famille congolaise. L'Eglise doit jouer son rôle de lumière du monde (Mt5 ,14)

La mission prophétique de L'Eglise, c'est plutôt de se mettre en marche avec les autres. Tenant la lampe allumée, confiante en celui qui est la lumière des hommes, elle cherche, elle se bat avec la ténacité et la perspicacité des prophètes, elle se fraie jour après jour et de manière concrète des chemins d'avenir dans la broussaille et la jungle de l'histoire avenir de nos pays ressemble à un grand camp en friche. Les prophètes dont l'Afrique a besoin aujourd'hui, ce ne sont pas des devins, mais des éclaireurs explorateurs, des défricheurs d'avenir.

Que L'Eglise dénonce ce qui est contraire à la Parole.

De nos jours, L'Eglise a perdu son rôle de dénoncer certaines choses qui ne marchent pas dans le pays et l'Evangélisation des autorités. Les uns pensent que c'est une perte de temps, les autres ont peur d'être arrêtés. (Mt 10,39) d'autres pensent c'est perdre le temps.

Que l'Eglise s'implique dans les actions de développement socio-économique.

II ne s'agit pas pour l'Eglise de proposer un quelconque système économique pour le Congo d'aujourd'hui.
L'Eglise doit tout de même encourager et exhorter les chrétiens à donner corps à des structures économiques qui puissent fonctionner selon l'esprit de l'Evangile.
La guérison du Congo- Brazzaville sur le plan économique n'exige que les chrétiens :
- entrer de plain-pied dans les lieux où se prennent les décisions économiques du pays et de peser sur ces décisions dans le sens de la justice et de l'égalité, dans le sens d'un souci toujours plus grand pour les pauvres, les exclus et les laissés pour compte. Cela exige une double action :

- intervenir avec force et détermination auprès des instances internationales pour plus de justice paix ;
- participer à la restructuration des économies nationales par la promotion capable de combattre la dégradation morale, spirituelle ; l'inconscience civique et professionnelle et toutes les manifestations d'injustices.

5- La vérification théologique
Ce fait a été vécu dans d'autres nations. En écoutent donc le concert des auteurs de l'ancien et du nouveau testament nous convenant que dans les pentateuques, Dieu le créateur de l'univers intervient dans l'histoire des peuples d'Egypte des Israël à cause de la dégradation relationnelle entre l'homme égyptiens et l'homme Israelite. De même entre le roi Pharaon et le roi de l'univers concernant le culte divin rendu à l'Eternel.
Dans les livres historiques, la monarchie Israélite a connu une décadence, une destruction totale justifiée par la mauvaise relation entre humain et le mauvais culte rendu à Dieu le créateur.
Auprès de prophètes d'Israël, nous notons les dénonciations des injustices commises par les rois et la profanation de culte saint de Dieu. Qui entraine le courage prophétique manifeste par les hommes de Dieu en faveur de la justice et la protection des faibles.

Avec les livres poétiques les adorateurs et les sages rapportent la qualité des relations sociales entre les hommes et Dieu dans la pratique des valeurs fondamentale du bien.
Enfin dans le nouveau testament la bonne nouvelle de Jésus Christ est de rendre justice à ses élus selon Luc 18.7 donc la justice sociale ne s'échappas au contrôle de créateur de l'univers toute vie sociale est construites sur ses fondements de valeurs : justice et le bien

L'Eternel dit à Moïse : « Va vers Pharaon, car j'ai endurci son cœur et le cœur de ses serviteurs, pour faire éclater mes signes au milieu d'eux. C'est aussi pour que tu racontes à ton fils et au fils de ton fils comment j'ai traité les Egyptiens et quels signes j'ai fait éclater au milieu d'eux. Et vous saurez que je suis l'éternel. »

Moïse et Aaron allèrent vers Pharaon, et lui dirent : « Jusqu'à quand refuseras-tu de t'humilier devant moi ? Laisse aller mon peuple, afin qu'il me serve. Si tu refuses de laisse aller mon peuple, voici, je ferai venir demain les sauterelles dans toute l'étendue de ton pays.
Elles couvriront la surface de la terre, et l'on ne pourra plus voir la terre ; elles dévoreront le reste de ce qui est échappé, ce que vous a laissé la grêle, elles dévoreront tous les arbres qui croissent dans vos champs ; elles rempliront tes maisons, les maisons de tous tes serviteurs et les maisons de tous les Egyptiens. Tes pères et les pères de tes pères n'auront rien vu de pareil depuis qu'ils existent sur la terre jusqu'à ce jour. »

Moïse se retira, et sortit de chez Pharaon. Les serviteurs de Pharaon lui dirent : « Jusqu'à quand cet homme sera-t-il pour nous un piège ? Laisse aller ces gens, et qu'ils servent l'Eternel, leur Dieu. Ne vois-tu pas encore que l'Egypte est entrain de périr ? »
On fit revenir vers Pharaon Moïse et Aaron : « Allez, leur dit-il, servez l'Eternel, votre Dieu. Qui sont ceux qui iront ? »
Moïse répondit : « Nous irons avec nos enfants et nos vieillards, avec nos fils et nos filles, avec nos brebis et nos bœufs ; car c'est

pour nous une fête en l'honneur de l'Eternel. »

Pharaon leur dit : « Que l'Eternel soit avec vous, tout comme je vais vous laisse aller, vous et vos enfants ! Prenez garde, car le malheur est devant vous ! Non, non : allez, vous les hommes, et servez l'Eternel, car c'est là ce que vous avez demandé. »
Et on les chassa de la terre de la présence de Pharaon.

L'Eternel dit à Moïse : « Etends ta main sur le pays de d'Egypte, et que les sauterelles montent sur le pays d'Egypte ; qu'elles dévorent toute l'herbe de la terre, tout ce que la grêle a laissé. »
Moïse étendit sa verge sur le pays d'Egypte, et l'Eternel fit souffler un vent d'orient qui avait apporté les sauterelles. Les sauterelles montèrent sur le pays d'Egypte, et se posèrent dans toute l'étendue de l'Egypte ; elles étaient en si grande quantité, qu'il n'y avait jamais eu et qu'il n'y aura jamais rien semblable. Elles couvrirent la surface de toute la terre, et la terre fut dans l'obscurité ; elles dévorèrent toute l'herbe de la terre et tout le fruit des arbres et à l'herbe des champs, dans tout le pays d'Egypte.

Prête l'oreille berger d'Israël ? Toi qui conduis Joseph comme un troupeau ! Parais dans ta splendeur, toi qui es assis sur les chérubins ! Dieu des Armées, relève-nous : et nous ne nous éloignerons plus de toi. Fais-nous revivre, et nous invoquerons ton nom (Ps. 80 :9-19).

Voici, j'ai l'intention de bâtir une maison au nom de l'Eternel, mon Dieu, comme l'Eternel l'a déclaré à David, mon père en disant : « Ton fils que je mettrai à ta place sur ton trône, ce sera lui qui bâtira une maison à mon nom. (1Rois 5.5). Ils habiteront chacun sous sa vigne et sous son figuier, et il n'y aura personne pour les troubler, car la bouche de l'Eternel des armées a parlé (Michée 4.4)

Ecoutez cette parole, génisses de Basan qui êtes sur la montagne de Samarie, vous qui opprimez les misérables, qui écrasez les indigents, et qui dites à vos maris : « Apportez et buvons ! »

(Amos 4.1)
Et l'Eternel fera retentir sa voix Majestueuse, il montrera son bras prêt à frapper, dans l'ardeur de sa colère, au milieu de la flamme d'un feu dévorant, de l'inondation, de la tempête et des pierres de grêle (Essaie 30.30)
Quand ta voix retentit, les peuples fuient, quand tu te lèves les nations se dispersent (Esaïe 33.3).
Que voulez-vous ? Tyr et Sidon, et vous tous districts des Philistins ? Voulez-vous tirer vengeance de moi ? Si vous voulez vous venger, je ferai bien retomber votre vengeance sur vos têtes (Joël 3.4),
Car les étoiles de cieux et leurs astres ne feront plus briller leur lumière, le soleil s'obscurcira dès son lever et la lune ne fera plus luire sa clarté (Esaïe13.10)
Je ferai cesser parmi eux les cris de réjouissance et les cris d'allégresse, et les chants du fiancé et les cris de la fiancée, le bruit de la meule et la lumière de la lampe (Jérémie 25.10)
Et moi, je vous refusais la pluie lorsqu'il y avait encore trois mois jusqu'à la moisson; j'ai fait pleuvoir sur une ville, et je n'ai pas fait pleuvoir sur une autre ville ; un champ a reçu la pluie, et un autre qui ne l'a pas reçue s'est desséché, deux, trois villes sont allées vers une autre pour boire de l'eau, et elles n'ont point apaisé leur soif (Amos 4 :7-9)
Et Dieu ne fera-t-il pas justice à ces élus qui crient à lui jour et nuit, tardera-t-il à leur égard ?(Luc18.7).
Pour vous je menacerai celui qui dévore, et il ne vous détruira pas les fruits de la terre, et la vigne ne sera pas stérile dans vos campagnes dit l'Eternel des Armées (Malachie 3.11).
C'est pourquoi les méchants ne résistent pas au jour du jugement, ni les pécheurs dans l'assemblée des justes, car l'Eternel connaît la voie des justes, et la voie des pécheurs mène à la ruine, car sa colère est prompte à s'enflammer. Heureux tous qui se confient en lui ! (Psaumes 1 :5-7).

Les gens de Ninive crurent à Dieu, ils publièrent un jeûne, et se revêtirent de sacs, depuis les plus petits jusqu'aux plus grands. La chose parvint au roi de Ninive, il se leva de son trône, ôta son manteau, se couvrit d'un sac, et s'assit sur la cendre et il fit faire dans la ville de Ninive cette publication, par ordre du roi et de ses grands ; Que les hommes et les bêtes, les bœufs et les brebis, ne goûtent de rien, ne paissent point, et ne boivent point d'eau ! Que les hommes et les bêtes soient couverts de sacs, qu'ils crient à Dieu avec force, et qu'ils reviennent tous de leur mauvaise voie et des actes de violence dont leurs mains sont coupables ! Qui sait si Dieu reviendra ou pas et ne se repentira pas, et s'il ne renoncera pas son ardente colère, en sorte que nous ne périssions point (Jonas 3.5-9),

Revenir à Dieu de tout votre cœur maintenant encore, dit l'éternel, revenez à moi de tout votre cœur, avec des jeûnes, avec des cris et des lamentations (Joël 2.11; Sophonie 6.1)
Pour vivre en paix, que les hommes reviennent à Dieu, abandonnez vos actes violents, marchez dans la vérité et respect des autres, servez Dieu, respectez les étrangères n'opprimez pas les faibles, ne maltraitez pas les innocents
Venez ! Retournons à l'éternel ! Car il a déchiré, mais il nous guérira, il a frappé, mais il bandera nos plaies (Osée 6.1). Ils ne retourneront pas au pays d'Égypte, mais l'assyrien sera leur roi parce qu'ils ont refusé de revenir à moi (Osée 11.5+).

C'est de là aussi que tu chercheras l'éternel, de tout ton cœur, de toute ton âme (Deutéronome 4.29).Tu aimeras l'éternel, ton Dieu, de tout ton cœur, de toute ton âme et de toute ta force (Deutéronome 6.5)
Lorsque tu obéiras à la voix de l'éternel, ton Dieu en observant ses commandements et ses ordres écrits dans ce livre de la loi, lorsque tu reviendras à l'éternel, ton Dieu, de tout ton cœur et de toute âme (Deutéronome 30.10)

Samuel dit à toute la maison d'Israël : si c'est de tout votre cœur que vous revenez à l'éternel, ôtez du milieu de vous les dieux étrangers et les astartés, dirigez-votre cœur vers l'éternel, et servez-le, lui-seul, et il vous délivrera de la main des Philistins (1Samuel 7.3)

S'ils reviennent à toi de tout leur cœur et de toute leur âme, dans le pas de leurs ennemis qui les ont emmenés captifs ; s'ils t'adressent des prières, les regards tournés vers leurs pays que tu as donnés à leurs pères, vers la ville que tu as choisie et vers la maison que j'ai bâtie à ton Nom. (1Rois 8.48)
Vous me chercherez, et vous me trouverez si vous me cherchez de tout votre cœur (Jérémie 29.13)
Heureux ceux qui gardent ses préceptes, qui le cherchent de tout leur cœur (Psaumes : 119.2)
Ils prirent l'engagement de chercher l'éternel, le Dieu de leurs pères de tout leur cœur et de toute leur âme (2 Chroniques 15.12)
Publiez, un jeûne, une convocation solennelle ! Assemblez les vieillards, tous les habitants du pays, dans la maison de l'Eternel, votre Dieu et criez à l'éternel.
Heureux celui qui lit et ceux qui entendent la parole de cette prophétie et qui gardent les choses qui y sont écrites (Apocalipse1.3)

6- Application du message au contexte congolais

Possibilités D'Application du texte d'Exode 10.4 au Contexte actuel

La cause principale est la même

Le Congo Brazzaville ne souffre apparemment pas d'invasion des sauterelles, même de la pluie grêle dont parle Exode10.1-15 au regard de ces difficultés évoquées, toute tentative d'application de Exode 10.1-15 au contexte congolais être considéré comme « pure gymnastique exégétiques » mais dans le texte les principales causes sont les mêmes vies dans notre société, ils du péchés en toute forme. Au regard de tout ce qui précède il apparaît évident que la crise dont souffre le Congo-Brazzaville est avant tout une crise de la foi (une crise spirituel). Le peuple de Dieu est entré en rébellion contre la loi de Dieu qui se trouve à sa portée depuis d'un siècle.

La cause principale est la même :

Les maux que souffre notre société ont la même principale cause comme, les guerres avec pour conséquences meurtres, viols,

pillages, famine dont ne cessent de souffrir les congolais sont à la fois la manifestation et la conséquence du péché, la sécheresse l'invasion des sauterelles dans Exo.10.1-15 sont dues au péché. Le tribalisme, les injustices sociales et idolâtrie qui minent le congolais ne sont que l'expression de la transgression de la loi de Dieu contenu dans l'Exode 20, dont l'écho est très remarquable dans plusieurs passages de la bible et que jésus résume en deux commandements (Mt 22 37-40). Le non-respect du prochain, effondrement de principes, la domination, exclusion, inversions des principes publics, comme l'altruisme, la charité ont disparu dans la pratique quotidienne. La dignité Dieu dit : faisons l'homme à notre image, selon ressemblance et qu'il domine sur les poissons, et sur tous les animaux de la mer… (Gen1.27 -28) de nos jour la domination, la violence est devenu un fléau.
Depuis que notre pays à accéder à l'indépendance on constate que, quand chaque ethnie prend la commande du pays, il veut toujours dominer sur les autres. Regardez même l'histoire de l'Egypte, le nouveau roi de l'Egypte antique a mis un nouveau système politique d'empêcher le peuple d'Israël pour qu'il n'ait pas la liberté, pour les retenir, il les affaiblie moralement, spirituellement, intellectuellement et économiquement afin que ce peuple n'ait pas la liberté de culte, la liberté de la parole, la liberté de choix …Dieu est descendu pour s'opposer des mauvaises pratiques en vers le prochain qui fut Israelite de l'ancien temps. Servir c'est prendre soin des autres avec un cœur d'amour.

Ils s'agissent aussi des pêchés, de la
Transgression de la loi de Dieu vis-à-vis du prochain, la domination, la haine, l'exclusion, l'effondrement des valeurs comme la politesse le respect et surtout celui des ainés a disparu. Le mensonge, L'Infidélité et l'atteinte à la pudeur est devenu un look. Commandés par des loges satanique avides du sang humaine, Dieu seul ne suffit pas pour nous protéger donc il faut faire des mélanges. Les congolais ont créé leurs propre voie au lieu de suivre la voie du très Haut, ni respect des lois et le code de conduite de la vie.

Si Dieu a demandé au Pharaon de laisse partir son peuple ; il est de même pour les leaders politiques Africains en général et aux leaders politiques Congolais en particulier « laisse partir mon peuple » cela n'épargne pas les berges, les conducteurs des âmes ou le rançonnages des brebis se fait à ciel ouvert. « Le trafic des indulgences » pour le quel Luther Martin, c'était inscrit en faux contre l'Eglise catholique des premiers temps est devenu monnaie courante dans les Eglises dites de réveil.

L'idée de ce thème tiré au chapitre 10.4-5 du livre de d'Exode nous fait comprendre que Dieu rétribue ceux qui s'opposent au destin de son peuple, à son destin pour le bien être de l'homme crée, à son image. L'homme est un dieu et n'a pas besoin d'être embrigadé. L'Africain en face des autres peuples se présente toujours comme un mendiant et les Congolais toujours « un pas en avant, deux pas en arrière »Dieu a mis en chacun des hommes des capacités des aptitudes etc. et Il a dit, « vous êtes des dieux », Etre un dieu c'est être un homme de lumière, et la lumière chasse les ténèbres. Dans le contexte qui est le nôtre, le Congolais doit se mettre sur le chemin de Dieu qui donne tout. Nous devons être, au « rendez-vous du donnés et du recevoir »à table des autres nations. Etre respecté.

Dieu veut nous délivrer du mal, du mensonge, de la domination et l'oppression. C'est Dieu qui sauvé, il veut un peuple performant, un peuple représentatif, un peuple prospère, un peuple qui l'honore, un culte saint et digne. Il n'aime pas les mélanges.

Notre message relate et aborde les circonstances et les faits sociaux du vécu quotidien précaire de la ville j'habite. Ceci donc est un jugement du Dieu créateur à l'endroit de la ville de Brazzaville et de ses habitants. L'Esprit de Dieu s'invite dans les cœurs de la population du Congo afin de sortir de l'effondrement et des inversions sociales et structurelles.
L'inspection juridique plonge dans l'impunité et la corruption du

système judiciaire congolais, l'effondrement social et structure observés Au cas du non-respect et de la désobéissance prononcés et du refus catégorique des orientations de ce livre, l'effondrement social et structurel est éminent. Dans notre contexte, le peuple Congolais n'est pas pris en otage dans un pays étranger pour qu'il cherche à regagner son pays d'origine, mais il est otage du péché destructeur (structure de péché)

L'Egypte pour nous symbolise le monde sans Dieu, sans Jésus-Christ, sans pitié. Le péché, le détournement, le mauvais service…
Il est maintenant temps de rompre avec toutes les pratiques dictatoriales. Le peuple ne satisfait pas à ses besoins quotidiens, et voit ses droits, bafoués. En quête d'une solution, face à la puissance de fer mise en exergue par ses dirigeants, il s'est malheureusement livré à des fausses divinités, et à la délinquance. Or, il devait fléchir les genoux devant son Créateur, pour implorer sa grâce.

Quel Remède pour la guérison ou la suspension du jugement dans le pays.

Le Peuple congolais doit comprendre que c'est le spirituel qui gouverne le physique, Dieu châtie celui qu'il aime. Mes frères et sœurs, je vous en supplie dans l'amour du seigneur de revenir à Dieu, de tout votre cœur sans exception ; de faire volteface, de renoncer à vos mauvaises voies : les mauvaises œuvres, la violence, les faux cultes. Aujourd'hui, on a plus que besoin de la repentance nationale, sans laquelle nombreux abandonneront très bientôt ce qu'ils ont acquis malhonnêtement.
L'heure n'est plus à vous faire berner par les discours trompeurs, qui vous donnent un espoir illusoire. Il est temps de revenir à l'Eternel, et c'est maintenant qu'il faut le faire.
Bien-aimés, si nous sommes délivrés du péché, nous serons sauvés.
C'est pour servir et adorer Dieu que nous avons été créés.

Peuple Congolais, sortons tous de l'Egypte qui est le monde du matériel, de la science occulte, de la magie. Si quelqu'un aime le monde, s'attache aux biens et à l'argent, aux désirs de ce monde, il ne plaira pas à Dieu, mais il fera la volonté du monde qui est l'Egypte.

Supprimons la haine entre nous et contre les étrangers. Servir le prochain est un acte d'amour. Jésus-Christ *nous* recommande l'amour : aimez-vous les uns les autres. Sans amour personne ne verra Dieu : « Tu aimeras ton prochain comme-toi-même, tu aimeras ton Dieu de tout cœur, de toute ta force, de toute ton âme. »
Mettez d'abord Dieu en première ligne. Dieu est amour ! Il faut que les Congolais cultivent l'amour dans le vrai sens du terme.

Revenez à Dieu afin que vous soyez épargné du feu et de sa colère.
Revenez à Dieu afin que la prospérité revienne.
Revenez à Dieu afin qu'il soigne les plaies qui sont aux côtés de la tortue.
Amendez vos voies, repentez-vous, et le jugement sera suspendu.
Revenez à Dieu afin qu'il restaure les eaux qui sont polluées.
Revenez à Dieu pour qu'il nous sauve, nous délivre de la destruction, de la famine, des plaies, des fléaux.

Bien-aimés, le péché d'un homme peut amener la mort de plusieurs personnes (Josué : 7 :11). La violation d'un ordre de Dieu par Acan, de la tribu de Juda, un officier de l'armée, a causé un échec dans la bataille contre une petite ville comme ÏA. La colère de Dieu peut s'apaiser quand le péché ou le mal est expié. Il faut mettre la discipline dans la nation, écartez-vous de mauvais gens qui gèrent mal le peuple. Ne nous associons plus à l'Egypte. Quand nous péchons, nous devenons esclaves de ce monde. Nous avions oublié l'éternel, il est temps de prendre conscience du pouvoir qui est le sien, et de son amour prêt à nous restaurer. Tournez-vous vers Élohim, et non vers vos généraux, qui ignorent ce qui peut arriver demain. Pour bien bâtir ou construire notre société, nos villes, nos communautés, nous devons nous mettre au service de Dieu, c'est la condition impérative, pour qu'une nation vive les faveurs de Dieu. Si on construit avec Jésus-Christ, il peut nous soutenir en face d'un vent contraire, aussi violent puisse-t-il être. C'est lui qui est notre sécurité, notre protection et notre couverture. La crise existe, c'est une évidence, mais il y a aussi la solution à trouver. Comment faire pour que les choses reviennent à la normale ?

Pendant la période de chute, de Mugabe, un Zimbabwéen de la société civile disait à RFI que les peuples ne sont pas l'ennemi de la nation. Ceux qui sont dans les affaires de l'Etat doivent aussi écouter le peuple.
Pour construire le pays, il faut aussi écouter le peuple c'est à dire écouter aussi la rue. Comment l'écouter ? Par les rencontres, le dialogue, entendre les désidératas du peuple. La liberté d'expression et de croyance sont tolérées et permises. Oui c'est vrai on peut avoir des conseillers, mais cela ne suffit pas, il faut écouter aussi le peuple. Les assemblées sont monolithiques. Ce sont les caisses de résonnance de ceux qui semblent nous gouverner.
A titre d'exemple : Jetro fait des reproches à Moïse, l'homme que Dieu a établi pour gérer son peuple (Exode 18 :14-20).

La réparation de la justice, le juge qui honore la loi, le prochain, la société, participe à une justice restauratrice. Elle peut rééduquer et de ramener toutes les structures à zéro afin d'éviter les vengeances Dieu nous invite à l'école de l'amour (1Corinthiens 13 :1-13)

La plaie contenant des asticots veut dire que le pays est malade, il a une infection et dégage une odeur répugnante. Repentons-nous pour que Dieu soigne notre beau pays. Soyons sérieux dans nos services pour que Dieu puisse nous bénir, et il sera content de nos comportements et de nos actes ; quand on sert Dieu, on est au service des autres ; si nous devons être supérieurs aux autres ce n'est pas bien. Il faut être humble !
Dieu veut voir la croissance de l'amour au sein de son peuple ; et c'est sa préoccupation. Il veut que nous grandissions, et que nous devenions un peuple prospère dynamique, uni, obéissant. Il est cependant, contre la domination de l'homme par son prochain.

Nous devons le servir et l'adorer.

Bien-aimés, renversons les autels de Ball et abattons les idoles qui gênent notre pays. Les mauvaises pratiques du culte de la sorcellerie, des sacrifices humains, des idoles, ne nous bénissent pas, mais nous détruisent. Toutes ces pratiques, sont l'image de la méchanceté de l'homme naturel, qui est étranger à la vie de Dieu. Le peuple Congolais ne craint pas son Créateur, mais il craint plus plutôt les hommes qui lui font mal; il se confie aux choses de ce monde telles que les mutuelles, les associations. La vérité et l'amour ont disparu ; même les serviteurs de Dieu craignent de prêcher la vérité, parce qu'ils ont peur de mourir pour l'évangile qui est une mission pour éduquer l'homme. Un prédicateur qui craint de dire la vérité, parce qu'il a la crainte des hommes, ne saurait faire la mission de Dieu.

Dépolluons notre environnement pour sortir notre pays de la crise. Revenons à l'Eternel, et Il bandera nos plaies et nous donnera la prospérité, la cohésion, la paix. Changeons nos habitudes, et prenons une nouvelle direction avec Jésus-Christ, qui est la lumière du monde.

Nous sommes des chefs, alors que nous devions être serviteurs de Dieu. Un serviteur doit servir les autres. Le péché qui est un concept spirituel, a pour conséquence la destruction physique, la ruine. Il faut que les hommes meurent à cause de la crise, les entreprises ferment, les structures commerciales ou les entreprises fassent faillite, pour ne pas atteindre les résultats escomptés. Les managers font preuve d'une inefficacité.

La parole de Dieu nous donne un leadership de qualité capable à relever les défis rencontrés dans notre sujet à l'exemple de Paul qui nous invite d'être performants, efficaces comme Christ (Phillipiens 2 :3). Jésus est venu servir avec amour non pas pour son propre intérêt, mais pour celui des autres. Que le leader soit un simple serviteur, au service des autres avec humilité, et il ne fera pas les choses que pour lui-même.

Dieu nous a créés pour un but. Jésus est venu pour servir le modèle de vie, de pratique la bonne œuvre, il a payé le prix pour la liberté de l'homme, du péché et de la mort. Il faut s'opposer à tout ce qui est en train de nuire à la vie de la population ; changer le système qui pollue la société. Il rompt toute pratique dictatoriale dans nos services. Revenez à moi peuple congolais, dit l'éternel des armées (Joël 2 :11)

Venez, retournons à Jésus, car il nous guérira, il a frappé, mais il bandera nos plaies (Osée6 :1). La conversion peut aussi être comparée à un demi-tour. C'est un acte au cours duquel on se détourne « de ses iniquités » (Actes3 :26) par la repentance, pour se tourner vers le Seigneur (Actes 9 :35,11 :21)

Aspects négatifs	Aspects positifs	Références bibliques
Abandonner le mal	Pour se tourner vers Dieu	Actes3 :26
Abandonner la vanité des idoles	Pour accepter Dieu	1Thess.1 :9
Se détourner des ténèbres	Aller vers la lumière	Actes26 :18
Rejeter la puissance de Satan	Pour se tourner vers Dieu	Actes26 :18
Se détourner du péché et de soi-même	Pour se tourner vers Dieu	Actes26 :18

La repentance peut être considérée comme un acte au cours duquel on se retourne vers Dieu. Elles sont toutes deux nécessaires pour que la conversion soit réelle. Repentance/se repentir, du cœur, de l'esprit qui se tournent vers Dieu (Actes 20 :21).Elle conduit le pécheur à porter sur son état de péché et sur les fautes commises ; le même jugement que (Luc15 :20-21). La conversion est une nouvelle naissance spirituelle (Jean3 :1-2).Il faut que vous repartiez à zéro ; vous devez naître de nouveau. Nul ne peut avoir accès au ciel sans être né du Saint-Esprit. Publiez un jeûne, une convocation solennelle ! Assemblez les vieillards, tous les habitants du pays, dans la maison de l'éternel, votre Dieu et criez à l'éternel.si le peuple congolais ne prend ce message en considération et applique cette prophétie le Congo va s'enfoncent dans la crise. Peuple congolais et revenons nous à la case dans la case du départ pour bien sauter il faut reculer.

Dieu châtie ce lui qui aimer mes frères et sœurs je vous en supplie dans l'amour du seigneur de revenir à Dieu de tous nos cœurs, de faire demi-tour, de renoncer à nos mauvais voies et aux œuvres infructueuses comme la violence, les faux cultes. Repentons-nous et convertissons-nous, dépolluons notre environnement. C'est ainsi que Dieu bandera nos plaies et nous donnera la prospérité, la cohésion, la paix.

Les maux Congolais
Les principaux maux dont souffre le Congo sur le plan politique, le mal de guerre au cours d'une homélie le 30 novembre 1997, Mgr Barthélémy Batantou
Déclarer :
Les évènements insolites et dramatiques qui se abattus sur notre pays par deux fois :la guerre civile de 1993-1994 et cette dernière plus violente et destructive du 5 juin au 15 octobre 1997,ont complétement bouversé toutes les prévisions et les institutions nationales et religieuses ce bouversement demande de prendre beaucoup de temps pour repasser tous événements dans la mémoire, les méditer profondément et chercher comment construire un laborieux travail de réflexion, de concertation, de réconciliation, de changement réel de nos veilles manières devoir les choses.
Le tribalisme, les injustices et la corruption, l'idolâtrie en tant que mal, au Congo ne se limite pas dans le fait d'adorer les leaders politiques

7) Interprétation des symboles de la vision

La première Tortue sur la Terre ferme ce sont certains pasteurs d'aujourd'hui, le Gouvernement, certains Hommes Politiques. Sur la fameuse Tortue il Ya des infections, les asticots, la pollution, la dégradation, le mauvais état de sa santé, les deux tatouages qui sont deux(2) trônes, c'est aussi l'image de deux Eglises (Dieu et Satan à la fois), sans se rendre compte qu'elle est malade, traine une dégradation avancée, elle va et comme on l'entend partout « Allons ensemble, allons seulement » pour qu'el Eglise, pour quel gouvernance, pour quel salut des âmes?
Cette Tortue qui représente les hommes d'Eglises, ces mauvais Bergers, au lieu de se sacrifier pour le peuple dont ils ont la charge, ils le pillent en amont. « Vous écrasez le pauvre par l'injustice ». On appliquant maladroitement la sainte parole de Dieu, « vous lui prenez de force une part de sa récolte »(Amos5.11)
Pas d'action sociale pourtant, vous êtes des conducteurs des âmes vers les parvis du seigneur. Mais Vous êtes devenu des

commerçants. Le Christ dit : maison sera une maison de prier Jean2.16 et faite toute les nations des disciple Mt.28.19,20 …Vous provoquez la colère de Dieu, vous êtes devenu comme des gens impurs dans le service et vos meilleurs actions sont aussi dégoûtantes, qu'un linge taché de sang, vos fautes vous rendent semblables à des feuilles mortes emportées par le vent(Essaie64.5) vous semez la pollution, la division dans les familles, l'exclusion etc. …au lieu de proclamer la bonté du Très Haut, vous convoquez les démons, vous les jetez dans la nature ils possèdent et prennent refuge chez ceux qui ne sont pas dans la lumière du Christ.

En aval c'est la même chose chez les hommes politiques .C'est le mensonge aussi, de mal en mal, certains hommes de Dieu sont devenu des pires charlatans, ils sortent des objets, des insectes, des reptiles vivants des corps des personnes ces personnes elles. Mêmes sont aveugles (Mt 15.14). A cela, ils appellent la malédiction sur eux- mêmes « Abyssus abyssum invocat » (l'Abîme appelle l'abîme).

Ne savez- vous pas que les bienfaits de Dieu sont gra- tuits? (Isaïe55).

Cette fameuse Tortue n'est pas seulement l'image des seuls, pasteurs véreux mais aussi celle des dirigeants politiques, ceux que Dieu a donné la charge de conduire le peuple vers des destinés meilleurs. Mais ils sont devenus aussi impurs pour le service dont ils ont la charge. Ils trainent la dégradation, l'exclusion, la misère, le tribalisme. C'est la tribu qui prime sur la majorité. Alors doit-on fuir dans la montagne comme un oiseau ? (PS11.1) même l'oiseau dans cette vision est aussi atteint de la pollution, des asticots, de la puanteur d'un système politique malade et, cette maladie à contaminée le peuple. Alors doit –on fuir dans la montagne comme oiseau ? Alors le psalmiste reprend : « Quand les lois qui soutiennent la société sont détruites, que peut faire celui qui t'obéit ? »(Psaume 11.3) le mal est la !en nous –même et de manière général. On pille, en tue à ciel ouverte etc. la mort est devenu le pain quotidien des congolais, et (est un bisness, mais un bisness macabre le système sanitaire est désastreux le, système économique est en mal de financement… La population est vouée à elle-même, elle ne sait plus à quel saint se vouer. Moindre mouvement, on pille (on vole).Or si les conditions de vie des uns et des autres étaient décentes et améliorés, le vol et avec lui les autres travers n'allais pas s'exprimer de manière aussi criards. Paraphrasant un moraliste contemporain nous disons que « assurer la vie matérielle, c'est assurer la vie morale. Faites des hommes heureux, vous les rendrez meilleur ».Que les consuls prennent garde afin que la république n'éprouve aucun dommage (Caveant consules ! ne quid detrimenti republica capiat) disaient les Romains.

La deuxièmes Tortue qui sort de l'eau (dans l'eau prêt de la terre) c'est la nouvelle face du Congo de demain qu'en déplaise à vous pasteurs et tous hommes d'Eglises vos boutiques seront fermées et les aventuriers seront chasser de leur chairs .le politique en mal de vivre les uns comme les autres, vous faites du mal aux yeux du seigneur (1Rois 14.22, 24) cette tortue qui dans l'eau (qui est prêt de la terre) viendra féconder la terre congolaise. L'Eau, élément de vie et de purification va laver notre pays des asticots, de la pollution, de la dégradation laisser par sa voisine malade qui n'a pas écouter la voix du très haut : à savoir « Laisse partir mon peuple » qui a manquée de faire sienne la supplication du peuple d'Israël lorsqu'il avait tourné le dos au seigneur qui l'avait libère de la maison d'esclavage en Egypte (Isaie59, 1,15) et de prier (Isaie63.15et 64.1, 11)

Mais, c'est trop tard oui !trop tard car le Seigneur dit « Je me suis laissé interroger, mais on ne me demandait rien.. »(Isaïe 65.1, 15) oh ! Quelle réquisition de la part de celui qui donne et qui reprend ? Allons au ''mbongui'', au dialogue. La première tortue c'est l'image de la nouvel gouvernance tant politique que spirituel celle des vrais serviteurs de Dieu qui conduirons, au prix de mille et une privation qu'exigent la loi (comme Moïse), le peuple de Dieu vers le bien -être et le mieux être « Afin qu'il l'odore Dieu en esprit et en vérité (Jean 4.23).

La tortue va toujours doucement mais pourquoi ? Parce qu'elle une charge, une responsabilité. Rien ne sert de courir si elle voit un danger, elle se protège dans sa carapace, c'est aussi l'hypocrisie qu'en trouve en politique on parle au nom du peuple pour se remplir les poches, ce peuple devient comme un bouclier qui reçoit tous les coups.

La carapace ici c'est le peuple, (qui se représente dans son leader) .et utilisera tous le moyen nécessaire à la survie de la nation, la carapace ici, ce sont les fidèle, le peuple de Dieu qui par la prière soutiendra aussi l'action du pasteur afin que Dieu le protège et bénit son œuvre
La tortue doit toujours être en bonne santé, santé morale, santé spirituel, santé économique, santé psychique et corporelle.

Cette tortue qui sort dans l'eau (qui est prêt de la terre) est génératrice d'espoir, l'espoir d'un peuple qui on a assez des Eglises, des mosquées, des temples aux brouhahas interminables les jours de cultes mais rien ne change sur le plan spirituel et morale des populations : changement des mentalités, conversion, la nouvelle renaissance, l'amour .Car c'est au soir de notre vie que nous serons jugé par l'amour (Mathieu 25.31-46). Voilà, ce qu'exige la parole de Dieu En politique, nous voulons des actions qui traversent le temps.
L'eau, élément liquide, dans cette vision après la terre ou se trouve la première tortue est représentée comme une force spécial et agissante, l'eau est acceptée par toutes les traditions comme le symbole de la fécondité et de la ma vie. C'est à dire que les actions des hommes soient fécondés et porteurs de vie. Les différentes séquences qui se représentent dans cette vision constituent le socle de notre réflexion, est pour les initiés à la vraie pratique de la parole de Dieu, de comprendre qu'elle (la vision) intègre l'Eau avec la Terre, l'Air et Feu(le soleil) pour former les quartes (4) éléments constitutifs de la création, toujours en vigueur

dans notre astrologie moderne. Au-delà de la découverte chimique de sa combinaison au 18e siècle. Mais quel que soit l'importance de cette révélation, l'eau continue de garder son secret. L'eau ici constitue un électro-aimant qui va attirer toutes les vibrations lourdes à caractères pénibles, l'angoisse, la rancœur, la peur .... Générés par les mauvaises pratiques de ceux qui ont introduits de faux dieux dans le pays. Dés deux tortue, nous avons une scène hautement significative la guérison du Congo ne viendra que de l'unité des fils et filles du pays (amour) et non dans les préjugés car aucune ethnies n'est supérieur à une autre. Nous somme une croix. La tête au Nord ; les pieds au Sud les Bras à l'est et à l'Ouest. Alors qui « êtes-vous pour nous donner des connotations péjoratives vous n'êtes pas nous. Nous sommes cette croix et qui à son centre est inscrit le nom : Congo.

La fameuse vision ne se passe pas sur la rive d'un fleuve, pas d'une rivière qui baigne un coin quelconque, mais un fleuve, le Congo « Congo moké ézali Congo monènè »à temps. Chanté nos Prédécesseurs le « petit Congo est un grand Congo » .Regardez – vous même et lisez l'histoire c'est ici que le General Charles de GAULE, en pleine guerre de 1940 -1945 a élu domicile chez nous et proclamer sa capitale Brazzaville comme capitale libre d'un grand pays comme la France (Brazzaville capitale de la France libre).Nous sommes une histoire. Nous sommes un peuple plein d'ambition. Pour quoi la freiner ? Le fleuve Congo, fleuve historique qui Chari non seulement ces eaux, depuis sa source dans les grands lacs en passant par son bassin qui fait (aujourd'hui notre fierté dans le monde) mais aussi l'histoire de, nos ancêtres et se jette, dans les pieds (au Kouilou) dans l'océan infini. On chante, le Congo, on se baigne dans le Congo. Les eaux du Congo nourrissent en amant comme en aval tout un peuple. Elles montrent et définissent l'unité. Aujourd'hui, où est-elle cette unité? Aujourd'hui « Que l'homme ne sépare pas ce que Dieu a uni… » (Mathieu 19.6) .Alors revenons au Seigneur comme l'enfant prodigue (Luc 15.11-32.) Nous devons chercher la face du seigneur.

. Et ce n'est pas une récitation. Dieu n'a pas d'image en soi, il n'a pas de visage même si au commencement des temps Il a dit « créons l'homme à notre image(Gn1.25) seul car dans son souffle il y avait le fils et l'Esprit. ».Et toi homme qui es-tu pour prétendre être déjà au ciel avec Dieu. Car ce Dieu que tu prétends enseigner « aimer Dieu que tu ne vois pas et mépriser ton semblable que tu vois …? »(Mt22.37 1Jean4.7, 8) La vraie religion, dit « l'Apôtre Jacques, c'est de prendre soin des orphelins et des veuves dans leurs souffrances.. »(Jacques1.19, 27) Dieu c'est l'homme lui – même.
L'image de l'oiseau mort c'est l'essoufflement à causer des odeurs adjectivés que dégage la tortue malade, la terre est polluée, l'air est pollué et l'oiseau tombe mort .Ce n'est pas un oiseau aquatique mais c'est la « colombe » l'oiseau de paix, mais, ici, où est-elle ? Au Congo il n'Ya plus de paix. La paix est tombée elle est morte Voyait d'en haut les deux trônes sur la tortue malade .Il Ya ici le diable et Dieu à la fois. Oh ; Pasteurs, oh ! Hommes « d'Eglise » oh ! Gouvernant du peuple. Dieu s'est ligué contre vous. Car « on ne peut pas servir deux maitre… » (Mt.6.24).C'est vous qui avez tué la paix (L'oiseau).Aussi, les Africains en général ne s'aiment pas (cas de Lybie de l'Afrique du sud, de la RCA, la RDC … et les congolais en particuliers doivent se remettre sur la voie de l'amour du prochain, se remettre sur la voie du seigneur, sur le chemin de Dieu. Car le seigneur dit « Je suis le chemin, la vérité et la vie … »(Jean14.6) suivre la lumière c'est marcher selon les préceptes divin, donc selon la loi de Dieu. Elle nous interpelle tous, depuis le sommet de l'Etat, en passant par les hommes d'Eglises jusqu'à plus petit des Congolais à changer de mentalité, à faire mourir le vieil homme. Et partant suivre le guide avec un « esprit saint dans un corps saint » 1Corinthiens 7.34. Ce mal, le mal de la tortue c'est le mal de tous.

Chacun est responsable quelque part alors, « Qu'as-tu fais de ton frère… » (Genèse 4.10) la grande question, celle que Dieu lui-même se l'ait posé « Qu'est- ce que l'homme… ? Resteras- tu toujours un loup pour ton frère ? Evites de humer la pollution et lorsque l'Air sera hostile à- toi, tu ne pourras plus s'envoler et tu vas t'abîme dans l'eau et, trop tard. « Laisse aller mon peuple afin qu'il me serve … »Late My people go exigence que Dieu redit aujourd'hui aux pasteurs des Eglises devenu bourgeois au lieu de prêcher la paix, la réconciliation, l'amour et la non-violence évangélique, Ils prêcher, l'argent et les églises sont devenu des boutiques et apeurer vos adeptes, devenu clients. Vous leur prêcher la peur, la mort, la fatalité … où est l'Emmanuel ? « Si Dieu est avec nous, qui peut être contre nous ?(Romains8.31) où sont passés les vrais pasteurs comme Martin Luther King, Gandhi, Jean .Paul II. L'histoire retiendra que ces hommes de Dieu ont ébranlés l'humanité et leurs prêchés, résonnent encore dans nos mémoire. ET vous les politiques, vous avez un rôle très délicat à savoir : rendre heureuse les populations mais, vous n'avez pas d'idéal.

La puissance de la vérité nous amène à reconnaître avec le Mahatma Gandhi, la dignité l'égalité et la solidarité fraternelle des tous êtres les humains, et elle nous presse de rejeter toute forme de violence et de discrimination.

Le Mahatma Ganghi nous révèle son cœur quand il répète à ceux qui l'écoutent aujourd'hui : « La loi de l'amour gouverne le monde… la vérité triomphe du mensonge. Et l'amour l'emporte sur la haine… »

. Une civilisation de l'amour, peut être atteinte. ET d'aujourd'hui nous l'entendons encore qui plaider devant le monde : « vaincs la haine par l'amour, le mensonge par la vérité, la violence par la souffrance ».

Le Mahatma Gandhi, à la suite du Christ, nous à enseigner que si tous les hommes et femmes, quelles que soient les différences entre eux, s'attachent à la vérité dans le respect de la dignité unique de tout être humain, un nouvel ordre mondial

Le Pape Jean Paul II priait toujours en ces termes « ô notre dame de la transparence en toi et à travers toi Dieu nous parle ; donne nous un cœur simple... rends nos cœurs transparents comme le tien...aide nous à porter le bonne nouvelle au monde. Et à nous immerger dans le mystère du Christ, pour en communique quelque chose à nos frères. Toi qui fus l'exemple même de la constance dans l'épreuve comme l'exaltation, aide nous à tenir nos engagements ; En bons et fidèles serviteurs, jusqu'à dernier jour de notre vie sur la terre » Et, il a tenu à cet engagement jusqu'au dernier jour de sa vie sur la terre

Jean Paul II à insister sur le dialogue avec l'orthodoxie.
Il a manqué l'attention de la jeunesse et de ses aspirations ; l'enseignement sociale, la dimension de la repentance et de la demande de pardon dans la lecture de l'Eglise du Christ. Pendant son pontificat il a prêche le Christ à 129 Nation et parcouru1.163.865 km. Le tout pour la gloire de Dieu de Dieu « toi fais de même et tu vivras« Paître les agneaux c'est les conduiront sur des beaux pâturages non pas sur des terres arides ou caillouteuses Paître les agneaux c'est leurs données tout son cœur pas un cœur du lion. Mais un cœur d'amour. Aime tes brebis et tes brebis t'aimeront et eu ne s'entourera point de gardes du corps Pierre m'aimes-tu ?prends soin de mes brebis ». (Jean21.15) servir c'est prendre soin des autres avec un cœur d'amour.
« Je suis le cep vous êtes les sarments » (Jean 15.5) porter du fruit est une exigence essentielle de la vie chrétienne. Celui qui ne porte pas de fruit ne reste pas dans communion avec Dieu; « Tout sarment.. » (Jean15.5)

Le révérend pasteur Martin Luther King et le rôle providentiel qu'il a joué pour améliorer à juste titre le sort des Noirs Américains et donc améliorer la société américaines.

8) La guérison du Congo

Le Dialogue exclusive est la seule voie pour la guérison du Congo ?

Un dialogue exclusif s'impose ici et maintenant dans la gestion du pays comme remède pour la sortie du Congo dans cette crise des mentalités qui ne dit pas son nom et de la mal gouvernance. Nous voulons que les démons de la gabegie financiers du laisser-aller soient exorcisés. En 1991, juste à la fin de la conférence Nationale souveraine a eu lieu la cérémonie de lavement des mains en signe de repentance en vue d'une réconciliation nationale. Congo avait mis toute son espérance. Mais, avec le recul du temps, c'était une véritable supercherie ?le doigt accusateur Est là, pointe et montrant le mal chez les autres « connais-toi- toi-même disait » Socrate et le Christ dit : pourquoi regardes tu la paille qui est dans l'œil de ton frère, et ne t'aperçois- tu pas de la poutre qui est dans ton œil ? D'enlever la paille hypocrite, ôte premièrement la poutre de ton œil… » (Mt 7.3) on avait lavé les mains sans lavé les cœurs deux ans après, le pire est revenu la crise 1993 c'est comme laver les mains après avoir mangé mais la faim reviendra quelques heures après. C'est à dire que L'arbre du mal a été coupé et que les racines n'avaient pas été systématiquement dessouchées, l'arbre de la malédiction avait encore fait surface et fleurir pour donner les fruits amers que nous connaissons aujourd'hui : dettes colossales, divisions, intimidation, emprisonnement arbitraires museler de la presse etc. Les gens aujourd'hui peuvent bien élaborer des discours, organiser des séminaires, des conventions aux discours rempli des mensonges, des prières spéculatives, des exhortations sans fondement, dans les cœurs des uns et des autres, sont des pensée de gains, d'argent, les Eglises se disloquent, les uns et des autres, les pasteurs se battent, et aussi dans des rencontres politiques pour faire sortir le Congo de la crise, on se tape des points. Où est notre sérieux ? « Mal 'heur à toi Chorazin ! Malheur à toi, BethsaÏda !.. » (Mt.11, 21,24)... Changement réel de nos manières de voir les choses ont trait, notre mentalité qui a engendre les conflits. Exemple : si tu ne veux pas crée ton propre société. Le

Congo a besoin de paix, la relance économique et partant promouvoir des emplois à cette jeunesse désorienté, et désabusée (on se tue pour une simple marinière et un petit billet de deux (2000)),les jeunes ont besoin de l'emplois et non de vos tracts pour les appeler aux prières qui font l'affaire des pasteurs et ,de vos marinières chargés de l'esprit du sang et de l'envoutement. On ne pense pas le Congo, on pense à soi-même, libérerons le Congo si les gens écouter ce message, avec l'aide Dieu, le pays se guérira.

La conscience du peuple

Exhortation à la conscience des peuples Africains en général et du peuple Congolais en particulier, l'homme noire a besoin de quel remède pour se guérir des maux qui minent sa conscience Sa prise de conscience est-elle une question du lendemain : Est-elle une prise de conscience de l'ici et du maintenant ?

La thérapeutique qui va s'imposer ici c'est la toute- puissance de la parole de Dieu .tiré de l'évangile de Jean8.36 :(si le fils ne vous rend pas libre, vous ne serez pas réellement libre). L'homme noir trouve toujours son mal chez les autres. Pourtant, la « lumière brille dans les ténèbres et les ténèbres l'on pas reçu. Mais à tous ceux qui sont devenu des hommes de lumière » (Jean 14.6) c'est marcher selon les préceptes Divin car la parole de Dieu nous interpelle tous. Et, pour marcher dans la lumière, il faut d'abord faire mourir le vieil homme qui est en l'homme et le congolais de faire de même. La problématique qui est aujourd'hui, prend sa source dans l'effondrement du communisme, la chute du mur de Berlin en Allemagne, la conférence de la Baule « Pas de démocratie, pas d'aide ».En terme plus claire, c'était un appel au changement des mentalités. Un changement dans l'ensemble l'agir du politique, du religieux au dernière de la population, le simple citoyen et, tous pour sortir les populations de l'ornière. Si Dieu, en qui tout pouvoir revient et qui n'est pas autoritaire à demande au Pharaon de laisse partir son peuple afin de participer à l'édification de l'humanité, il en est de même pour les leaders ,acteurs politiques congolais au premier chef « laisse partir mon peuple … » car le peuple, les peuples ont besoin de liberté car la liberté est pouvoir et non de penser . Elle consiste à se déterminer sois- même, à être « autonome ». Du coup, l'homme qui a besoin de liberté est devenu sa propre victime, victime de sa propre passion, de sa haine, de son orgueil...

9) Le processus pour le remède du pays

Le processus pour le remède du pays la crise que souffre le Congo est avant tout une crise de la foi (crise spirituel)

Les mêmes principes évoqués ou la promesse de 2 chroniques 7.14 pour la guérison du pays, sont applicables au contexte congolais.

Si l'abandon de Dieu engendre le jugement, le retour à Dieu par la voie de repentance guérit. C'est pourquoi le seigneur donne par le truchement du chroniste de précieux principes que tout homme ou tout peuple devenu malade à causes des péchés et qui invoque le nom de Dieu, peut exécuter pour la guérison et celle de son pays.

S'humilier, prier, rechercher la face du seigneur, se repentir de ses mauvaises voies.

CONCLUSION

De tout temps et de manière différente, Dieu a toujours parler à son peuple et quand il commence à quitter sa voie, Il menace. (Exode32.7-12). La vraie guérison du Congo ne peut venir des discours mais par une rencontre de tous les congolais à la table de la vérité et de réconciliation et comme dit le psalmiste « Amour et fidélité se rencontre, justice et paix s'embrassent.la fidélité monte de la terre et la justice descend du ciel (Ps.85, 11-12) « rien n'est impossible à celui qui croit…(Jean11.40) et 2 Chr.7.14. Si mon peuple sur qui est invoqué mon nom s'humilié, prie, et cherche ma face, et s'il se détourne de ses mauvaises voies, je l'exaucerai des cieux, je lui pardonnerai son pêchée et je guérirai son pays. Nous devons créer des conditions matérielles, physiques, morales et spirituelles pour que la lumière revienne sur le Congo. Point n'est besoin de se cabrer dans un orgueil au lieu de s'humilier, de pardonner et de demander pardon, car aucun homme n'est juste devant Dieu et nous devons lui demandé pardon non pas un pardon hypocrite mais un par pardon sincère. Ps.51 une fois cette voix suivie « alors ta lumière jaillira comme l'aurore. Tes bonnes actions marcheront de toi, et la gloire du seigneur fermera la marche arrière toi »Esaie58.8. « Seulement si tu fais disparaître de ton pays ce qui écrase les autres, les gestes de menace la cupidité, le mensonge, la gabegie financière, ce sera la même chose situ partages ta nourriture avec celui qui a faim, si tu donnes à manger à ceux qui sont dans la misère à aider ceux qui sont malades, à se guérir, ceux qui sont injustement condamnés à retrouve la liberté. Et, le seigneur sera toujours ton guide, même en plein désert, il te donnera à manger et te rendra des forces, tu relèveras les vieux murs détruit, tu reconstruiras sur les fondations abandonnées ».toujours on t'appellera le peuple qui ferme les fentes et refaits les rues de la ville (Isaïe 58.8, 12) et sans hypocrisie. L'hypocrisie de l'animal politique la tortue .Que ceux ont des oreilles entendent et ceux qui entendent comprennent.

Ce livre, comme vous pouvez le constater, est le résultat d'une vision que j'ai eue, sur le Congo. Ceux qui sont avertis spirituellement, savent fort bien l'importance de tout ce que j'ai écrit dans ce livre. Car, je sais bien qu'en dehors de moi, Dieu a parlé aussi à de nombreuses autres personnes, concernant la situation de notre pays. Vous faites peut-être aussi partie, de ceux qui ont reçu une vision troublante, pour notre peuple, joignez-vous à nous par la prière, pour implorer la miséricorde divine. Jésus nous aime, Il est notre Créateur, et Il nous écoutera, si nous pouvons nous tourner vers lui, nos faces. Je vous encourage vivement à faire part de ce que vous avez lu, à d'autres qui, ignorent certainement cette réalité spirituelle, qui peuvent engendrer de grandes catastrophes.

Je profite de l'occasion pour vous annoncer que nous allons écrire un livre sur Israël, d'après les inspirations que nous avons reçues. Je sollicite votre soutien dans la prière, afin que je m'acquitte fidèlement de ce devoir qui est le mien, de vous faire part de toutes les prophéties et révélations qui me sont communiquées.
La notion de guérison du pays est étroitement liée à la théologie de rétribution et de repentance.

GLOSSAIRE

Bête : synonyme idiot

Dévorer : manger en déchirant avec les dents, mangées avidement, consumé, dissiper…

La Tortue dans son état initial est un animal malin donc assimilable au diable. Dans ce contexte c'est l'image d'une république ; corps d'un oiseau de couleur blanc dans l'eau ?

Eaux (Les): Image de la nation, du peuple, de la foule (Apoc.17.15) Les eaux sont polluées : un peuple, un environnement sali, de corps ou des puissances étrangères.

Infection : synonyme du pèche, l'injustice, c'est-à-dire l'opposé de ce qui est dit juste, particulièrement pour ceux qui le connaissent devant Dieu (Luc 13.27, Romains 1.18 ; 2 Timothée2.19)

Jugement : approbation ou condamnation de quelque action morale.

Plaie (La): fléau, blessure, iniquité… Ce terme traduit plusieurs mots grecs différents dont le sens peut être une manière d'agir sans loi, sans frein, volontairement ou par ignorance (Matthieu 7.23 ; 24.12 ; Romain 6.19

Menace : parole ou geste pour marquer la colère, ressentiment pour faire craindre le mal qu'on prépare.

Pollution : tout phénomène extérieur qui peut être nuisible, désagréable et dangereux pour la santé ; Biologie : émission involontaire de sperme.

Prophétiser : communiquer aux hommes la pensée de Dieu (au sens large).

Ruiné : destruction, perte ou perte des biens, de la fortune.

Servir : honorer Dieu, lui rendre un culte (Matthieu 4.10, Actes 27.23).

Stigmates : c'est une marque durable que laisse une plaie ou une cicatrice.

Tortue (La): selon la culture Bantou la tortue est un animal qui incarne la ruse ; il ne court pas sinon rarement. Il marche lentement, mais gagne toujours la course. Elle a une longue vie,

très prudente, très dure de sa peau et intelligente. Elle ne combat pas, mais elle gagne toujours la bataille. La tortue est, selon la Bible, parmi les animaux impurs (Lévitique 11.29-30.) La tortue est aussi l'expression de l'hypocrisie.
Tortue est aussi image d'une nouvelle ère de gouvernance.
Vérité (La) : ce qui est conforme à la réalité, vérifiable, le contraire est le mensonge (Ephésiens 4.25)

Pour des besoins de conseils ou prière contacter nous par cette adresse.

Email belvyotiko@gmail.co

BIBLIOGRAPHIE

La Sainte Bible Edition Interconfessionnelle ABU
La Sainte Bible. Louis Second
Pouvoir et Miracle de l'Eau Bénite
Edition du Lion D'Or SA1992
Dialogue et Annonce Rencontre Interreligieux à Assise 27/10/1986
Mission de L'Eglise Revue trimestrielle numéro double juin septembre 1992 page 96-97

Louange à la vierge marie Edition Père Monti. Bp2699
Un remède Divin pour la guérison du Congo. DR pasteur Laurent G. Loubassou page 85 Edition Darash mars 2017

Nouveau dictionnaire Emmaüs PP1182-11-83
Dictionnaire Larousse 2010

Théologie des villes « l'Evangile et le monde urbanisé »
De Glenn Smith quatrième édition corrigée et augmentée, Québec. Septembre 1994

Table des matières

www.ingramcontent.com/pod-product-compliance
Lightning Source LLC
LaVergne TN
LVHW052051160826
845678LV00015B/3176

* 9 7 8 2 4 9 2 7 3 7 1 6 9 *